KARDEC É RAZÃO

WILSON GARCIA

KARDEC É RAZÃO

O MESTRE, O PROFESSOR E O ALUNO

O pensamento de J. Herculano Pires interpretado livremente.

Capivari-SP
– 2022 –

Distribuição

EDITORA EME

Avenida Brigadeiro Faria Lima, 1080 - Vila Fátima
CEP 13360-000 - Capivari-SP
Telefones: (19) 3491-7000 | 3491-5449
Vivo (19) 9 9983-2575 | Claro (19) 9 9317-2800
vendas@editoraeme.com.br - www.editoraeme.com.br

KARDEC E RAZÃO

O MESTRE, O PROFESSOR E O ALUNO

O pensamento de J. Herculano Pires interpretado livremente.

WILSON GARCIA

eldorado
EDITORA EME

3ª reimpressão - agosto/2022 - de 2.501 a 3.500 exemplares

CAPA | André Stenico
DIAGRAMAÇÃO | Gente & Arte
REVISÃO | Izabel Braghero
Tânia Tourinho (colaboração)

Ficha catalográfica elaborada na editora

Garcia, Wilson,
Kardec é razão - O mestre, o professor e o aluno / Wilson Garcia.(1ª edição, 1998 - edições USE) - 3ª reimp. ago. 2022 - Capivari, SP : Editora EME.
192 p.

ISBN 978-85-66805-17-8

1. Espiritismo 2. Kardec, Allan,1804-1869.
3. Pires, J. Herculano, 1914-1979. I. TÍTULO.

CDD 133.9

Sumário

Prefácio à 1ª edição

HERCULANO E WILSON

Wilson Garcia faz parte da família espiritual de Herculano. Graças à sintonia existente entre os dois espíritos, o desencarnado e o encarnado, Wilson compreende Herculano. Foi com muita alegria que recebi o livro de Wilson sobre o pensamento de papai. Como esperava, Wilson foi muito feliz na escolha dos trechos principais do trabalho de Herculano.

No primeiro capítulo, faz uma comparação interessante sobre os dois grandes amores de Herculano, Virgínia e o Espiritismo. Herculano soube dividir a atenção entre duas famílias, a nuclear e a universal, entre duas esposas, Virgínia e a Doutrina Espírita. Atencioso, amoroso, dedicado, o espírito que, nessa última encarnação recebeu o nome de José Herculano Pires, realizou um trabalho de gigante, deixando oitenta e quatro obras de valor reconhecido e conseguindo ainda expressar-se como excelente esposo, pai, jornalista, expositor espírita, filósofo, irmão e filho. Foi um gênio; mas o mais importante na vida desse espírito foi a humildade, o exemplo de amor e de transcendência social, espiritual e moral. Wilson capta bem a essência do trabalho do professor, que é como nomeia o querido escritor, ou, como diz Emmanuel através de Chico Xavier: "o metro que melhor mediu Kardec" e "a maior inteligência contemporânea espírita".

Discordei de Wilson apenas em um ponto: Herculano não deixou uma aposentadoria pequena, mas uma grande herança de amor e retidão moral. Virgínia doa todas as traduções de Herculano (espíritas) porque não quer ganhar dinheiro com o trabalho, que é de Kardec. O exemplo do papai fala bem alto aos nossos corações, e a sua vivência melhorou a todos que entraram em contato com o professor, como diz Wilson.

Wilson compreende a importância, representada por Herculano, do papel dos pais na educação do reencarnado; baseado na pergunta 208 de *O Livro dos Espíritos*, Herculano faz um trabalho bonito:

– Mas os pais podem modificar o espírito dos filhos (educá-los)?

Essa é a tarefa dos pais.

A análise do professor sobre o papel do Centro Espírita, na educação do ser, é também lembrada por Wilson: “o Centro Espírita é o elemento indutor à formação de indivíduos úteis”. Mas Wilson diz que o professor quer mais, a educação espírita deve atingir as escolas, chegando às Universidades (não é o que está acontecendo com a Verdade, que se propaga no cinema, na televisão através de vários rótulos?).

A apresentação do pensamento de Herculano sobre o Centro Espírita é excelente.

O Centro é considerado o mais importante movimento de quantos ocorreram para a transformação social indispensável à Terra. O professor, lembra Wilson, explica que: “É o ponto visual de convergência de todo produto espírita”.

A simplicidade que Herculano exemplificava, como discípulo fiel de Kardec, é bem compreendida por Wilson, principalmente na apresentação da necessidade dos centros espíritas permanecerem pequenos, o que atenua ambição e vaidade dos seus dirigentes.

Interpretando o pensamento de Herculano sobre o fenômeno mediúnico, exposto pelo professor no seu livro *Mediunidade, Vida e Comunicação*, Wilson explica a importância da mediunidade, inclusive a estática, como diria o professor, como fonte de inspiração; a mensagem é expressa através do trabalho do indivíduo que, aparentemente, não é médium.

Lembrando Herculano, o escritor Wilson chama a atenção para a necessidade de encararmos a mediunidade como fato natural; o médium, consequentemente, é apenas um instrumento de trabalho do mundo espiritual e não deve receber curvaturas e honrarias dedicadas, nos horizontes primitivos e oracular, a indivíduos então considerados especiais. O Espiritismo veio colocar os pontos nos "ii", e não podemos entender como os espíritas continuam a endeusar os médiuns, provocando-lhes quedas terríveis. Preocupam-se mais em divulgar os médiuns do que a Doutrina Espírita. Já é hora de uma mudança nesse sentido. "Santinhos" de médiuns devem deixar de existir na casa espírita. Raros médiuns conseguem, como Chico Xavier e mesmo Divaldo Pereira Franco, resistir à vaidade.

Wilson demonstra a importância que Herculano dava ao fenômeno mediúnico; bastaria lembrar as palavras do livro *A Gênese*, de Kardec, que explica: "a mediunidade é para o mundo dos Espíritos o que o telescópio é para o mundo das estrelas e o microscópio para o mundo do infinitamente pequeno".

E pensar que alguns espíritas desavisados e ignorantes da Doutrina dos Espíritos tentaram criar o Espiritismo ateu, sem espíritos, sem Jesus, sem preces e sem Evangelho. Seria realmente o fim de nossas possibilidades de apagarmos um passado de incompreensão do Cristianismo, entendendo e praticando o Espiritismo; seria ter que recomeçar em condições mais difíceis. Felizmente, a maioria estava firme na compreensão da importância de *O Evangelho Segundo o Espiritismo* e dos livros básicos da Doutrina Espírita.

O problema do auxílio do corpo na expressão do encarnado e portanto do indivíduo dependente do corpo para sua expressão na Terra é bem lembrado por Wilson. A mediunidade é faculdade, também, mas não apenas orgânica, porque depende em sua expressão do físico do reencarnado. Todos os dons, porém, como diria Paulo de Tarso, são do espírito. Corpo e perispírito são apenas instrumentos de trabalho, como Wilson consegue apreender no trabalho de Herculano Pires.

Entendendo bem a Doutrina Espírita, Wilson compreende Herculano e lembra a explicação do professor sobre o perigo que o médium solitário, que não frequenta uma casa espírita, humildemente colocando-se como instrumento do mundo espiritual corre, pois pode expressar-se "como um barco à deriva". O médium deve, lembra Wilson, estar inserido na sociedade.

Wilson interpreta com propriedade o pensamento de Herculano sobre a mediunidade das crianças e a impossibilidade do fenômeno mediúnico nos animais irracionais.

Com a mesma propriedade é apresentado o problema da cura na casa espírita, que deve visar, como interpreta Wilson, o homem integral, o desenvolvimento moral.

"A Medicina Espírita não é uma aplicação pura e simples da mediunidade curadora ... é uma aplicação dos princípios espíritas no plano cultural", explica Herculano, e diz Wilson: "o pensamento (de Herculano) aparece aí com todo o seu conteúdo, clareza e lógica".

Wilson analisa com propriedade o fato de o Espiritismo ser Religião: "uma Religião cuja base moral é o Cristianismo do Cristo...". Wilson compreendeu bem o pensamento de Herculano na apresentação da Religião Espírita. Herculano apresenta o triângulo divino de Emmanuel, em *O Espí-*

rito e o Tempo: ciência, filosofia e religião, os três aspectos do Espiritismo.

Wilson analisa ainda o pensamento de Herculano sobre a misericórdia e amor da Inteligência Suprema do Universo, Deus; sobre o *Mistério do ser ante a dor e a morte* e sobre outros aspectos importantes da obra de José Herculano Pires.

Não posso, no meu entusiasmo, escrever um livro interpretando Wilson interpretando Herculano. Mas bem que gostaria.

O pensamento de Herculano, na visão lúcida de Wilson Garcia, produziu um livro que facilitará o trabalho dos expositores espíritas, facilitando a coletânea das conclusões importantes desse grande autor de obras espíritas e não espíritas; desse exemplificador da vivência espírita, desse homem especial que foi José Herculano Pires, meu querido pai na última encarnação.

Uma bela homenagem, Wilson, a quem tanto fez pela compreensão da Doutrina Espírita. Parabéns...

Heloisa Pires
São Paulo, 27/09 /97.

EXPLICAÇÃO

Ao preparar este livro, tive um objetivo claro: facilitar ao estudioso do Espiritismo o acesso ao pensamento de J. Herculano Pires, pela importância que tem para a compreensão da Doutrina. Cumpro, com isso, um antigo desejo, que nos últimos tempos me vinha tomando de assalto com insistência.

O leitor perceberá, de imediato, que o pensamento de Herculano Pires aparece com recuo e em tipos itálicos, podendo, pois, ser lido com facilidade. Ao final de cada transcrição aparece, em romanos, a indicação da obra em que foi localizada. Indo à bibliografia o leitor ficará sabendo o título da obra e me perdoará, tenho certeza, por não dar a página exata em que está inserido. É simples a razão: dos mais de 260 textos que selecionei, utilizei nada menos de 252. As transcrições dariam, só elas, um belo volume de mais 100 páginas.

Para maior tranquilidade ainda, incluí ao final do livro um "índice por assunto dos pensamentos de Herculano Pires", desejando permitir ao interessado localizar rapidamente os textos do professor. Desde já, fica o leitor informado de que este livro não tem nenhuma intenção de ser bibliográfico e muito menos biográfico. Trata-se, apenas, de uma interpretação livre do pensamento de Herculano Pires, colhido em boa parte das obras que escreveu.

Para esta edição especial de comemoração do Centenário de Nascimento de J. Herculano Pires fiz uma revisão geral do texto, de modo a ajustá-lo à realidade atual. Promovi a eliminação de conceitos equivocados, procurei dar mais clareza aos trechos obscuros, contudo, mantive todos os textos colhidos nas obras de Herculano Pires e, inclusive, mantive a mesma bibliografia da primeira edição.

O autor

ABRINDO O DIÁLOGO

Kardec é o mestre, Herculano, o professor! Estudar com o professor significa conhecer o mestre e sua doutrina. O professor está integrado com Kardec, e seu desafio é retirar das águas profundas da doutrina o conhecimento, interpretá-lo e oferecê-lo aos alunos. Nisto, poucos conseguiram tanto sucesso quanto Herculano, porque poucos estiveram tão integrados à matéria espírita quanto este professor. Dos textos de sua extensa obra aflora um pensamento universal, adquirido ao longo de intensos estudos da cultura do mundo, onde sobressaiu a filosofia kardeciana. Seu pensamento era universal, como o é o da Doutrina, que motivou sua vida inteira e que fez dele um baluarte do ideal dos Espíritos Superiores, que ditaram a Codificação.

O professor compreendia a Doutrina Espírita como um conhecimento sem fronteiras, sem limites, que se estendia para além dos horizontes das obras da Codificação e alcançava a cultura do mundo. Não se pode – fez questão de afirmar – entender o Espiritismo na atualidade apenas nos livros de Kardec.

A doutrina está entranhada na história da humanidade; está conjugada com a cultura geral. Mas as palavras do professor, lidas assim em separado, costumam enganar os alunos desatentos e levá-los a interpretações equivocadas. Por isso, torna-se preciso exigir do aluno atenção, muita atenção! É o que procuraremos ter, doravante. Vamos passar por seus estudos e pensamentos de uma forma calma, mas desperta; agiremos como a preguiça, que se move lenta e pesadamente, mas tem esperança de chegar ao seu destino. Porém, com relação aos olhos, tomá-lo-emos emprestados ao lince, a fim de enxergar à distância incomensurável. Quanto ao bom-senso, de que também precisamos, tomá-lo-emos de René Descartes, que Herculano considerou um precursor da Doutrina Espírita.

Vamos, pois, à aula!

Capítulo 1

UMA VISÃO CIENTÍFICA DO ESPIRITISMO

O professor é um idealista. Herculano mostra, em todo o seu pensamento, uma amizade profunda com a Doutrina Espírita, dessas amizades que costumam causar inveja aos amigos e ciúmes à família. Quem tem um ideal e o ama de fato sabe o que se passa na alma de um idealista. O professor casou-se com dona Virgínia para cumprir um destino previamente traçado; a família foi-lhe uma realização no plano das experiências terrenas. Ele precisava da família, como esta dele. Mais tarde, porém, quando conheceu dona Doutrina, aproveitou as brechas de uma legislação humana falha e amasiou-se com ela, vivendo por muitas décadas uma bigamia saudável. Foi a experiência no plano do intelecto. Herculano precisava da Doutrina, como esta dele. A cumplicidade desses dois casais de um só amante também se passou em planos bem distintos. Dona Virgínia deveria cumprir o papel humano da esposa diante dos problemas da vida, enquanto que a convivência com dona Doutrina resolveria a necessidade do homem, de enfrentar os graves problemas do conhecimento, da cultura, ingredientes, enfim, que costumam assentar as bases de uma dignidade perfeita. Esposas diferentes para compromissos distintos. Uma humana e exigente, outra passiva, mas indiscutivelmente viril. Amou-as tanto e com tal zelo, o professor, que quando a morte deseducada tomou-lhe o corpo e o levou para a sepultura, deixou-as, ambas, desoladas. Para a primeira, ficou uma parca pensão previdenciária e todas as saudades do mundo; para a segunda viúva, deixou o pensamento imortalizado nas páginas de uma obra que não tem preço.

Falemos, portanto, da segunda viúva; da primeira cuidará melhor o seu atrasado biógrafo![1]

> *Allan Kardec nasceu a 18 de abril de 1857, em Paris. Sua certidão de nascimento não foi passada em cartório, mas impressa nas oficinas do editor Didier e exposta ao público na sua livraria. Cada cidadão que adquiria um volume da nova obra, tomava conhecimento da existência de um novo escritor que surgia do longínquo passado gaulês: o sacerdote druida Allan Kardec, então reintegrado na vida moderna da antiga e misteriosa pátria.* [(XXX)]

Kardec nasceu com a Doutrina. Denizard foi buscar na história um nome para substituir aquele que trazia do berço, dentro de uma expectativa grandiosa de futuro para o conjunto de conhecimentos que o arrebatara. Criara termos novos para definir a Doutrina e desejou que o seu responsável fosse também um nome novo no meio literário mundial, a fim de que os homens pudessem apreciar com maior liberdade as novas ideias, sem precisar ligá-las a sua figura, bastante conhecida. Chamava-se, então, Denizard Hippolyte Léon Rivail.

Considerou-se simples organizador desses conhecimentos; quis, pois, garantir ao leitor a procedência deles. Herculano compreendeu, de imediato, essa posição não apenas

---

[1] A primeira edição deste *Kardec é Razão* foi publicada em 1998. A biografia *J. Herculano Pires, o apóstolo de Kardec,* escrita por Jorge Rizzini, foi publicada, apenas, em 2002.

ética do mestre, mas, acima de tudo, de respeito à origem espiritual dos conhecimentos. O nome Allan Kardec surgira, aos olhos do mundo, sem presente nem passado; não tinha, portanto, uma carga cultural que pudesse servir, aos futuros críticos, de razão para condenação de qualquer parte da Doutrina. Denizard era um conhecido pedagogo, com ideias próprias e projeção social inquestionável. Kardec era só um nome, nada mais!

Mas Herculano o vê nas gálias e além delas, e com tal envergadura intelectual e moral que empreende grandes esforços para mostrá-lo ao mundo. Sente-o, o professor, no mais fundo de sua alma; desenvolve com ele uma afinidade tão íntima a ponto de lançar-se com força em sua vasta obra e seguir todos os fios que dela partem, a fim de conhecer as milhares de ligações que a doutrina mantém com a cultura do mundo. São milhares de milhões, de fato, esses fios: a Doutrina é um organismo vivo, dinâmico, cujo coração é a verdade cósmica, universal, aquela que explica a vida e o mundo em todos os setores. Isso revela sua ligação com todos os ramos do conhecimento conhecidos e por conhecer. É preciso um esforço sobre-humano para alcançar todos os campos onde a Doutrina vai desembocar e de onde, ao mesmo tempo, retira os ingredientes para sua sobrevivência. Mas todo organismo tem suas artérias principais e as menores. O professor seleciona-as e não se importa com as especialidades de cada uma delas; ou melhor, importa-se e de tal forma que procura adquirir, antes de internar-se nelas, o conhecimento básico para entendê-las.

Em meio a esse corpo fantástico, inteligente e sábio, Herculano se conduz como um aluno diante do mestre, mas é, na verdade, um professor junto ao sábio. E assume esse papel com sincera compreensão: vai à ciência, onde os próprios pesquisadores afeitos ao terreno costumam andar com imensos cuidados, e sente-se em sua própria terra.

Transita aí de um espaço a outro, com a desenvoltura de quem devera ter-se preparado anos a fio, para, de suas profundezas, dizer:

> *A figura de Kardec continua suspensa sobre o panorama científico atual como orientador indispensável dos novos caminhos do conhecimento, na rota cósmica das constelações.* [(X)]

Pode parecer, ao estudioso principiante, como ao crítico preconceituoso, que a fala do professor deixa escapar uma ponta de fanatismo ou, quem sabe, um certo conteúdo obsessivo. A verdade, contudo, é outra. Herculano navega nas águas da cultura mas, por causa do fluxo e refluxo da maré cultural, vem dar sempre na praia espírita, onde, para ele, está a síntese do conhecimento do mundo. E não pode ficar mudo diante desta realidade. Eis porque o mestre reponta sempre de sua pena como o homem que esteve à frente de seu tempo. Victor Hugo contentava-se em ser filho do seu século; Kardec foi filho de todos os séculos, os passados e os futuros. O professor entende isso com precisão, a mesma precisão que entende seja passada a seus alunos, para que possam, também, sobrepor-se à cultura de sua época e enxergar além do horizonte que sua carga cultural permite.

Longe de assustar-se, ou mesmo perder-se, no terreno científico, Herculano o enfrenta com coragem, com o principal objetivo de acompanhar seus avanços e demonstrar como e porque o Espiritismo nele se embasa e dele retira a comprovação de suas teses. Essa forma de agir é própria do homem universal, capaz de comportar-se segundo a visão ampla que possui do mundo; um tipo de ser ainda raro, na Terra. O professor é um seu representante legítimo. Enquanto a maioria se apega a este ou aquele ângulo doutrinário, simbolizado no triângulo emanuelino, e aí constrói sua cátedra, Herculano viaja pela ciência, pela filosofia e pela religião, plenamente consciente de que o homem não pertence senão a si mesmo, e sua estrada é a rota cósmica das constelações. O professor não faz afirmações a esmo, não é fanático nem está sob pressões externas insuportáveis. Quando afirma que a "figura de Kardec continua suspensa sobre o panorama científico atual", parte de uma constatação inequívoca: os conhecimentos por ele codificados e interpretados continuam antecipando um futuro do qual ainda está distante a ciência de hoje. Ao deixar isto claro, Herculano põe em jogo todo o peso de sua respeitada condição de filósofo e escritor premiado, cujo talento foi reconhecido pelas mais altas figuras da intelectualidade brasileira. Surpreendido com o monumento cultural que tinha diante de si, Mário Graciotti[2] perguntou:

> *De que distâncias, de que regiões, de que épocas virá esse espírito, que se instalou na engrenagem somática de um dos mais curiosos fenômenos intelectuais do Brasil nascente, o poeta, o jornalista, o escritor, filósofo Herculano Pires?* [V]

O mesmo Graciotti responde, num texto belíssimo e ao mesmo tempo cheio de admiração pela figura generosa e admirável de Herculano Pires:

> *De um bairro simples do nosso amado Planalto Paulista, que se chama Vila Clementino, a pouca distância da Serra do Mar, ouvimos a insistente voz de Herculano Pires. Não diríamos "voz profética" para que a poeira das estradas materiais não*

---

[2] Mario Graciotti foi uma das maiores expressões intelectuais do país. Escritor de obras reconhecidas pela crítica e pelo público, entre as suas grandes iniciativas, criou em 1943 o "Clube do Livro", o primeiro a funcionar no País, onde editou e publicou, a preços acessíveis, inúmeras obras, entre elas o livro *Barrabás, o enjeitado*, de J. Herculano Pires.

contamine a quimera desse estranho, fértil, extraordinário trabalhador da Metafísica. É uma voz humana, impregnada de bondade, inteligência e compreensão, que fala, fala, seguidamente, há 30 anos! Que deseja Herculano Pires com a sua sincera e notável obra? Simplesmente isto: que nos debrucemos sobre nós mesmos; que analisemos os fenômenos da psicologia e da parapsicologia; que ouçamos as vozes eternas e imutáveis da Caridade e do Amor; que nos afastemos das gambiarras mistificadoras das falsas luzes, que em nome de teses amputadas pretendem desorientar as nossas almas; que procuremos, pelos caminhos situados além da impotente Física, a suprema razão das razões supremas! (V)

A PARAPSICOLOGIA DE RHINE

O entusiasmo do professor com o avanço dos conhecimentos científicos no campo da metafísica era evidente, especialmente porque esse avanço, ao tempo em que desdobrava a Metapsíquica do professor Charles Richet, contribuía para assentar, ainda mais, o Espiritismo, comprovando suas teses. Ele se lançou aí, com grande esperança, quando Joseph Banks Rhine e sua esposa apresentaram ao mundo a Parapsicologia, mas sustentou-se neste terreno por muito mais tempo que talvez tenha pretendido, em virtude daquilo que ele mesmo denunciou:

> *A Parapsicologia tem sido vítima desses aventureiros, que o povo não sabe distinguir dos investigadores e dos estudiosos honestos.* (I)

Entre os que se infiltraram no seio da Parapsicologia estava um grupo de padres espertos e mal-intencionados, cuja função básica era utilizar esses estudos para denegrir o Espiritismo. O professor se insurgiu contra essa turba de enganadores e tornou-se, naturalmente, um pilar na divulgação, no Brasil, da verdadeira ciência parapsicológica, especialmente no meio doutrinário espírita. Ao mesmo tempo, combatia com veemência a má informação difundida por parapsicólogos de batina. Herculano cumpria funções aí bem claras, importantes e necessárias. De um lado, esclarecia o meio doutrinário, alvoroçado com notícias desabonadoras, mas também de certa forma incapacitado de compreender a posição e os preceitos parapsicológicos. É curioso verificar como basta uma simples hipótese para tirar do rumo movimentos sociais bem assentados, como é o caso do movimento espírita. É neste instante que se descobre a importância de lideranças preparadas, pois lhes cabe a ingente tarefa de manter o rumo através do esclarecimento objetivo dos fatos. Herculano foi, enquanto aqui viveu, esta liderança inconteste. Quando os padres surgiram, com toda a força que o clero ainda dispõe em nossa pátria, utilizando-se da mídia e fazendo afirmações mentirosas que pareciam explicar os fenômenos espíritas e atirá-los ao chão gelado, numa ação de quem destrói todo um edifício bem construído, o movimento espírita agitou-se, perplexo. O professor saiu, então, a campo. Antes, estudou com profundidade o assunto para, a seguir, explicá-lo com precisão ao povo.

> *Parapsicologia é o processo científico de investigação dos fenômenos naturais, de ordem psíquica e psicofisiológica.* (1)

Esta atitude teve o condão de reequilibrar o movimento espírita. Ao mesmo tempo que lhe oferecia meios de atualizar-se e compreender o avanço científico, Herculano demonstrava objetivamente os pontos em que aquela disciplina tocava no Espiritismo. Dessa demonstração ficou evidente, sempre – e não porque o desejasse o professor, mas, sabia-o, porque era a verdade – que em nenhum ponto a Parapsicologia contrariava o Espiritismo. Antes, naquilo em que pudera avançar, a nova ciência confirmava a fenomenologia doutrinária. Por força das circunstâncias, a Parapsicologia caminhava lentamente e tinha, portanto, muito o que progredir para atingir tudo aquilo que a Doutrina Espírita já havia estudado, e Kardec, com sua metodologia, confirmado. Isso, porém, é apenas uma questão de tempo. Os padres e mais aqueles que, devido à sua carga do passado, a eles se ligavam, podiam prosseguir no seu objetivo inglório. O professor diria, como quem demonstra novamente o que já houvera sido demonstrado:

> *A conclusão de Rhine é decisiva: "A mente possui uma força capaz de agir sobre a matéria. Produz sobre o meio físico efeitos inexplicáveis por qualquer fator ou energia conhecidos pela Física".* [I]

Para o professor, a Doutrina Espírita tem tudo a ganhar com as pesquisas científicas. Esta visão o levava, inclusive, a compreender a posição do pesquisador honesto, que, às vezes, avançava em conclusões contrárias à verdade clara para o Espiritismo ou, então, aparentava ser demasiado lento no seu trabalho, despertando suspeitas daqueles que, aceitando as teses espíritas, desejavam vê-los confirmando-as rapidamente. Herculano, então, assume a atitude compreensiva do homem experimentado, para proteger o pesquisador e, acima de tudo, a continuidade do trabalho científico. Sabe ele, no fundo, que tudo converge para a comprovação dos fatos espíritas, mas entende, também, que à ciência e seus representantes é preciso conceder o tempo e o espaço necessário, segundo sua realidade materialista, para que realizem o trabalho e esgotem todas as hipóteses. O exemplo da Metapsíquica, de Richet, que avançou e, enquanto esteve o seu chefe vivo, comprovou em tudo o que trabalhou, a Doutrina de Kardec, é por demais evidente para o professor. Entende que o silêncio da Metapsíquica, ou seja, a sua inércia e morte após a passagem de Richet, pode ocorrer e, de fato, vai ocorrer na era pós-Rhine[3], mas que, enquanto ela está viva, deve-se apoiá-la, estudando-a e difundindo-a, por ser de grande valor para as teses espíritas e a sociedade. Daí, afirmar:

> *Não é justo, pois, acusarmos os parapsicólogos de medrosos por avançarem vagarosamente, nem os acusarmos de temerários quando arriscam interpretações como a extrafísica de Rhine ou a materialista de Vasiliev.* [(I)]

Para a síntese do conhecimento humano que é o Espiritismo, a presença da Parapsicologia ocorre como um apoio indispensável. O professor não a vê como um corpo isolado, em meio a tantas especialidades científicas, mas como o membro de um corpo maior. Sua visão vai além das fronteiras que dividem o saber, para alcançar o conhecimento em sua amplitude possível. Tudo parte da unidade para a diversidade, para, depois, retornar à unidade. Essa visão filosófica é, em si, a síntese fundamental. A Parapsicologia comprova os fatos que o Espiritismo apresenta como verdadeiros. O Espiritismo já os comprovou, através de inúmeras pesquisas bem fundamentadas, mas a comunidade científica ainda os desdenha e, quando os toma para análise, entende que os métodos e os instrumentos de pesquisa precisam ser atualizados, o que significa que as pesquisas realizadas no passado não são aceitas como prova definitiva. Esta posição defendida por boa parte da comunidade científica causa um certo desconforto à Doutrina, especial-

---

[3] Infelizmente, consta que desapareceram todos os arquivos das pesquisas de Rhine, na Duke University, onde ele trabalhou durante muitos anos.

mente à sua expansão; daí ser preciso superá-la, estimulando aqueles que retomaram as pesquisas e exaustivamente analisam os fenômenos psíquicos e psicofisiológicos. A ciência parapsicológica é, para o professor, a própria ciência espírita, desdobrada, ocupando um espaço público importante, da mesma forma que o era a ciência metapsíquica e as demais pesquisas, embora isoladas, de um punhado de homens sérios e detentores dos mais elevados títulos, como William Crookes e outros. Na visão de Herculano Pires:

> *A ciência espírita é um organismo vivo, de natureza conceptual, estruturada em leis psicológicas, ou seja, em princípios espirituais e racionais.* (IX)

Onde quer que haja um pesquisador isolado, no silêncio de sua solidão, ou um grupo de pesquisadores, estudando e analisando os fenômenos de ordem psíquica e psicofisiológica, aí, por certo, estará se desenvolvendo a ciência espírita. Desde Kardec, que deu forma e método à ciência espírita, os fenômenos de sua alçada vêm sendo, com mais ou menos intensidade, estudados. O professor olha para essas pesquisas e entende, de pronto, que elas exigem o respeito dos estudiosos sérios e honestos, a compreensão dos curiosos e o sentimento de gratidão dos espíritas de hoje, entre os quais existem aqueles que se deixam embalar nas águas dos negadores do valor daquelas experiências, para afirmar que a ciência espírita é uma balela, não existe. Herculano estuda a trajetória histórica do problema científico em relação à Doutrina, descobrindo que, embora tenha havido uma baixa de interesse e trabalho nessa área, fenômeno perfeitamente explicável pela falta de homens dispostos a uma ação científica aí, entende que a ciência espírita nunca esteve completamente paralisada. Seus olhos atentos localizam nesse espaço de tempo a diversidade na unidade e as direções tomadas pelas experiências. E esclarece a questão dizendo, enfático:

> *A verdade é que não houve solução de continuidade na investigação, mas simples diversificação das experiências em várias áreas culturais, acompanhada de renovações metodológicas. A ciência espírita projetou-se em direções diversas, desdobrou-se em outras coordenadas e deu nascimento a outras ciências.* [IX]

Até o aparecimento do Espiritismo, os fenômenos psíquicos e psicofisiológicos não ofereciam preocupação científica e jamais foram objeto de pesquisa metodológica, para conhecimento de suas causas. Quem deu esta direção a esses fenômenos foi o Espiritismo, com Kardec. Daí a existência real da ciência espírita.

E ela surgiu até antes da formulação doutrinária. Apareceu quando Kardec imprimiu ao fenômeno das mesas girantes, aos quais resistiu intensamente, o processo de análise racional, fazendo repetir os fatos cansativas vezes, controlando suas manifestações e eliminando, paulatinamente, as possibilidades de interferência estranha, de médiuns e assistentes e, inclusive, de forças outras, para, então, concluir que, por trás daqueles fenômenos estavam, de fato, inteligências de personalidades fora do contexto visível da humanidade. Eram elas que intervinham e provocavam os fenômenos. Eis como, para o professor, a ciência espírita antecedeu até a própria doutrina, sendo, por isso, uma realidade inegável. E a projeção a que alude o professor, acima, contém em si a visão de que a ciência espírita não se restringe, apenas, aos fenômenos psíquicos e psicofísicos, mas desdobra-se em todas as outras especialidades científicas, que, de uma forma ou de outra, têm no ser humano um ponto de convergência.

> *Em meados do século XIX às portas do grande avanço científico do século XX, os cientistas ainda não percebiam a sua total ignorância da estrutura real do planeta, de suas várias dimensões físicas e de sua população oculta.* (X)

Essa realidade foi mostrada pela primeira vez pelo Espiritismo. A revelação da existência de uma população oculta ou invisível constitui uma das contribuições mais valiosas que a Doutrina apresenta com inequívoca originalidade, informação esta de inestimável valor e que possui implicação direta com a sociedade humana do planeta.

Ao abrir as portas do mundo invisível, a doutrina possibilita outras inúmeras descobertas aos interessados nas pesquisas científicas.

> *As ciências sociais têm uma grande contribuição a dar ao estudo do Espiritismo. Quem viu isso com mais clareza, segundo nos parece, foi Ernesto Bozzano. O grande discípulo italiano de Herbert Spencer, profundamente ligado ao desenvolvimento dos estudos sociológicos, uma vez atraído para o campo dos estudos espíritas, soube aplicar a este o conhecimento adquirido em outros campos. Seus trabalhos sobre as manifestações supranormais entre os povos selvagens, publicados na revista milanesa "Luce e Ombra" em 1926, posteriormente reunidos no livro "Popoli Primitivi e Manifestazioni Supernormali" representam uma das mais poderosas contribuições para o esclarecimento histórico do problema espírita.* (VIII)

O professor tem, como se vê, uma visão científica do Espiritismo. O que poderia ser visto como uma posição controvertida e fanática, é, de fato, uma posição unitária, construída a partir da análise dos diversos campos do conhecimento nos quais toca o Espiritismo. Herculano tem um uma postura dialética[4] o tempo todo, aliada a uma capacidade admirável de enxergar essa espécie de fio de Ariadne, que leva o estudioso dos fatos às causas e, do ponto de vista da Doutrina Espírita, a entender o conhecimento como uma tese de toda a manifestação cultural do mundo.

Como professor, seu objetivo é passar isso para o aluno. Para tanto, utiliza-se do método indutivo, estimulando o aluno a avançar e descobrir por si mesmo; e complementa esse método com o objetivo pelo qual, diante da incapacidade momentânea do aluno, apresenta os fatos em sua forma concreta, explicando-os.

> *Se a ciência espírita não se desenvolve entre nós, a culpa é exclusivamente dos homens de recursos, que preferem endereçar suas contribuições para as obras assistenciais, com os olhos voltados para a conquista de um pedaço de céu depois da morte.* (X)

Aqui, o professor dirige sua análise especialmente para os espíritas que poderiam dar grandes contribuições à cultura, mas, infelizmente, movidos pelo sentimento admirável da caridade, só conseguem vê-la em obras assistenciais, que mitigam a fome, solucionam o problema do frio, mas, sem o amparo da cultura, não conseguem preparar o Ser para sua função importante no mundo. Para que isso possa ser modificado será preciso que os homens de posse percebam a importância de uma delas: a caridade cultural, carente de atenção tanto quanto os outros tipos de caridade e onde o apoio é tão ou mais importante.

---

[4] Dialética: arte de raciocinar, argumentar ou discutir, bem como aquele modo de filosofar que busca a verdade por meio de oposição e reconciliação das contradições. *(Pequeno Dicionário Brasileiro da Língua Portuguesa.)*

> *Os serviços culturais continuam à míngua, sustentados apenas pelos que dão seu tempo, sua vida e seu sangue para a sustentação da cultura espírita. Certas instituições gastam os seus recursos em aviltamento da doutrina, com a produção de obras espúrias a serviço da mistificação. Respondem por essa situação precária da Ciência Espírita todos os que preferem os juros bancários ao desenvolvimento cultural.* (X)

A questão atingiu um ponto muito sério, aqui apontado por Herculano, qual seja, a existência de instituições espíritas cujos dirigentes dão grande ênfase à caridade ao mesmo tempo em que juntam dinheiro em contas bancárias, em aplicações financeiras em busca dos juros, esquecidos, porém, de que a cultura espírita precisa de apoio. E constata o professor aquilo que ainda hoje é visível: os "serviços culturais" prosseguem sendo sustentados, em boa parte, por aqueles que "dão seu tempo, sua vida e seu sangue", não podendo dar o dinheiro por não possuí-lo. A questão da existência e propagação de "obras espúrias" é, talvez, tanto hoje quanto ontem, um fato inconteste e preocupante. Gastam-se vultosas somas na publicação de obras desnecessárias e nega-se apoio a outras doutrinariamente importantes.

> *O processo civilizador é um esforço contínuo de aperfeiçoamento e adaptação. Os homens aperfeiçoam sua cultura pelas conquistas dos mais aptos e esclarecidos, mas, ao mesmo tempo, procuram adaptar a maioria menos apta às novas condições de vida que vão surgindo. O ímpeto dos vanguardeiros é contido pela inércia da massa.* (XXII)

A necessidade de formar e esclarecer homens é uma tarefa do Espiritismo, apesar da passividade dos que não conseguem alcançar a importância da cultura. Herculano viu isso com tamanha nitidez que procurou, em tempo integral, fazer notar àqueles que o estudavam a necessidade de se aliarem para essa luta.

> *Existe um tipo especial de preconceito que dificulta a compreensão do Espiritismo em nosso país. É o que podemos chamar "preconceito cultural". Numa nação nova como a nossa, sem tradição cultural suficiente, com imensa massa de analfabetos, pontilhada aqui e ali de pequenas ilhas culturais, é grande o receio dos intelectuais, de caírem no ridículo perante os seus colegas do exterior.* [XIX]

Herculano, como educador, conhece a realidade do educando e sabe que ele deve ser atendido de acordo com sua capacidade potencial. É por isso que a Educação Espírita se torna, para o professor, uma outra paixão. Como veremos a seguir.

Capítulo 2

A EDUCAÇÃO DO CONHECIMENTO E DA MORAL

O professor é, acima de tudo, professor. Mesmo quando exerce suas outras especialidades – é ele jornalista, filósofo, escritor e poeta – vibra em seu peito a alma do professor, que tem sempre diante de si a figura do aluno e o desafio de educá-lo. Assim, o jornalista, no exercício de sua função, não se desliga do professor, porque a alma do jornalista é o professor.

Esse termo tem sua mística. Mais do que o definidor de uma especialidade, professor é um título de nobreza, um predicado superior. Todos os demais títulos podem ser esquecidos, deixados de lado no dia a dia, ficar relegados ao currículo. O professor, no entanto, jamais desce da cátedra onde quer que vá. Herculano é o professor seja quando leciona ou quando filosofa, na condição de romancista, poeta ou outra qualquer. Em casa, diante da esposa e filhos, na redação do jornal, junto aos colegas, na tribuna, a discorrer sobre temas da vida e diante dos amigos, nas conversas normais do cotidiano. Ser professor, neste caso, significa ser detentor de uma conquista realizada ao longo de suas múltiplas existências.

O professor tem um mestre, Kardec, que tem um mestre, o Cristo, que tem um mestre... Nessa sucessão se chega ao mestre dos mestres, Deus. Herculano incorpora o título e assume sua cátedra no mundo. Sua principal disciplina será o Ser no Mundo e a base do conhecimento do Ser e do Mundo, a Doutrina Espírita, por ser a melhor síntese do conhecimento humano disponível. Em sua dialética permanente, o professor desce às minúcias do Ser e do Mundo, mas sobe também às mais altas cogitações filosóficas quando o momento o indicar. Tudo isto se transforma em exemplo palpável para o aluno aplicado, porque o levará a exercitar sua realidade com os pés no chão, sem, no entanto, deixar-se ficar aí, como um peso intransportável. Assim, aprenderá a elevar-se por ser este o seu objetivo e desafio maior.

> *Educar é decifrar o enigma do ser em geral e de cada ser em particular, de cada educando.* (III)

O professor ensina, sempre. Mesmo quando parece falar para si está ensinando. Herculano tem uma visão do aluno que nasce do conhecimento de si mesmo, formando a base do seu ensino. Onde está a senha que permite "decifrar o enigma do ser" e do mundo, ambos fundamentais para o relacionamento com o educando? O professor a encontra na Doutrina Espírita. Explica-se, assim, porque Herculano faz de Kardec o seu mestre. O Ser e o Mundo são racionalmente explicados aí, como jamais o foram em todos os tempos. Há uma lógica filosófica interligando os fatos, uma ciência comprovando-os e uma concepção moral indiscutível em tudo. Após dominar a Doutrina Espírita, o professor passa à cátedra, descobrindo que:

> *A educação depende do conhecimento menor ou maior que o educador possua de si mesmo. Porque conhecer-se a si mesmo é o primeiro passo do conhecimento do ser humano.* (III)

A mesma senha que leva o professor a "decifrar o enigma" do educando, o conduz a entender-se a si mesmo, pois que é, ele próprio, o Ser. Quanto mais o professor penetra no Ser, vale dizer, em si mesmo, mais se faz professor, porque, para bem educar, o primeiro passo é decifrar-se. A mente do professor passeia, neste instante, pelos caminhos que explicam o problema do Ser, do destino e da dor, no desafio permanente de transportar para o dia a dia esse conhecimento fundamental. A figura de Santo Agostinho, presente no capítulo das Leis Morais de *O Livro dos Espíritos*, remete-o a Sócrates e o seu "conhece-te a ti mesmo", passa por Kardec e sua referência à necessidade do conhecimento das tendências inatas, para desembocar, enfim, na análise da carga cultural que cada Ser carrega. Herculano coloca esse ponto como de fundamental importância para a boa educação, significando, pois, que não se pode tê-la em sua qualidade mínima sem o "conhecimento do ser humano". Parte ele, então, para analisar certas minúcias da educação, embora, talvez, preferisse permanecer no geral. O professor, aqui como em outros inúmeros momentos, não suporta o forte desejo de remexer os detalhes, como forma indispensável de sanar as dúvidas que naturalmente surgem. E afirma:

> *O verdadeiro educador é o que pratica a Religião verdadeira do amor ao próximo, naquilo que podemos chamar o Culto do Ser no templo do seu próprio ser.* [III]

Sem sair ainda do Ser, mas procurando apontar o conjunto de fatores relevantes para a formação do educador, Herculano centraliza a sua atenção no conhecimento e nos valores morais, ambos passíveis de discussão na sua formalidade, não no seu fundo. O professor entende que o educador desenvolve uma relação com o aluno que ultrapassa a fronteira da informação e do estímulo. Por essa razão, volta-se para a antiga questão do amor ao próximo, como quem diz, com firmeza, que sem esse sentimento será impossível educar. Mas, como sua preocupação não está apenas no Ser, e sim, com o Ser no Mundo, chama a atenção para a prática da "Religião verdadeira", que começa no "próprio ser" e se desenvolve na vida de relação, onde está presente o aluno como representante, no momento educativo, da sociedade maior. Ou seja, o mundo onde está inserido o Ser deve receber deste a sua parcela, pois o Ser vive para o mundo, contrariamente ao que diziam as religiões formalistas, as quais, além de tudo, passam a ideia do Ser fora do mundo, na tentativa de inseri-lo no rebanho do imaginário salvacionista. "O Culto do Ser no templo de seu próprio ser" é a afirmação peremptória de que não há educação sem exemplo; informar e estimular podem não significar nada se não estiverem acompanhados de um fazer equivalente em qualidade. Todos esses detalhes são reforçados pelo professor, no desenvolvimento de seu pensamento.

Podemos vê-lo, a seguir, numa sequência didática de tratamento do assunto.

> *A educação familial corresponde a uma fase natural do processo educacional. A educação institucional é simples desenvolvimento daquela. Dessa maneira, a Educação Espírita dada no lar e nos Centros é válida e pertence, de direito e de fato, ao processo natural da Educação Social.* [III]

O professor tem, sempre, um objetivo a alcançar. Ao apontar para as duas vertentes da educação: familiar e institucional, este objetivo aparece, claro: a educação é uma só, porém, desenvolvida em diversos momentos, simultâneos ou sequenciais.

Há um tipo de educação que Herculano vai valorizar excepcionalmente e com uma razão fortíssima: a Educação Espírita. Uma vez que o homem alcançou uma síntese nova e maravilhosa do conhecimento humano, essa síntese tende a mudar o social a partir das mudanças que realiza no Ser. Não se pode relegá-la, portanto. Mas a própria Educação Espírita pretende ele seja entendida como um processo global, com o suporte de uma Pedagogia Espírita, bem como na sua aplicação no segmento familiar, através dos pais, e no Centro Espírita, através de idealistas sinceros. Para o professor, o conhecimento espírita se tornou indispensável para a educação. Mais do que isso, tornou-se uma esperança de renovação da prática educacional. E a responsabilidade, pensa Herculano, está muito mais nas mãos dos espíritas do que dos outros, porque ninguém está mais preparado para entender a importância do conhecimento espírita do que o líder consciente. E isto se vai ver, também. Tem ele uma profunda descrença na capacidade da sociedade, por seus representantes mais expressivos, de utilizar espontaneamente o Espiritismo como conhecimento. Afinal, pergunta:

> *Como ajustar os fins superiores da Educação às exigências de uma civilização baseada no lucro?* [III]

Essa desesperança está para uma visão racional da sociedade e, não, para uma postura pessoal pessimista. O professor não é, jamais, pessimista. Nele brilha o racionalismo cartesiano, que Kardec utilizou de forma magistral. Mas a prática do Ser no Mundo o leva a ver com clareza que a civilização caminha ainda para o lado. O capitalismo é a prova da ausência de uma visão social evolutiva em linha reta e para frente.

O lucro é filho da ilusão e reprodutor desta. A civilização, especialmente nos dias atuais, em que caíram muros e barreiras que dividiam o mundo entre capitalistas e socialistas (embora, creia-se, o socialismo como ideal não esteja morto) concentra sua atenção no lucro, e a própria educação está presa a resultados econômicos, muito mais que a resultados humanos. O comando da educação está, cada vez mais, na mão de homens capitalistas, que não entendem e não desejam entender de "fins superiores". O professor sabe, por ser do mundo e viver no mundo, que não há compatibilidade à vista neste terreno. O que não significa, absolutamente, que a educação não possa ser, aí mesmo, aprimorada. A Educação Espírita é o grande veio dessa esperança, porque ela tende a aprimorar o professor, os métodos e os fins, beneficiando o educando. Enquanto isso não acontece, Herculano luta por conquistas menores mas igualmente importantes.

> *O que se deve ensinar na escola, para que ela se liberte do laicismo a que foi obrigada pela pressão sectária, não é esta ou aquela religião (denominação ou seita religiosa) mas a Religião como um todo, como uma província específica do Conhecimento, como um campo cultural que não pode ser omitido no processo de transmissão da cultura.* (III)

O tão decantado laicismo é, para o professor, apenas um desvio de uma grande trajetória no campo da educação. O Estado laico é necessário, mas o afastamento da Religião do currículo escolar, Religião enquanto "província do Conhecimento" e domínio cultural significou e significa enorme prejuízo ao educando. As religiões oficiais, quando entraram no terreno da educação, pretenderam construir, segundo modelos falhos preestabelecidos, o homem. A forma de tirar de suas rédeas, no mundo ocidental, esse importante segmento social foi afastando-as das relações com o Estado (afastamento ainda hoje simplesmente parcial) e estabelecendo a laicidade do ensino, que, no Brasil, também teve sua supressão com a Carta Constitucional de 1988, que permitiu a volta do ensino religioso nas escolas.

O professor faz a defesa da Religião sem denominações e sem fórmulas doutrinárias e dogmáticas. Volta-se ele para a Religião do espírito, para o Culto do Ser no ser, mas não o faz simplesmente por uma visão mística ou sentimental, sequer sectária. Jamais defenderia a Religião Espírita nas escolas públicas ou particulares, no seu aspecto rotulatório. A Religião Espírita fica bem, na sua visão, para as escolas e Universidades espíritas, porque, então, haverá uma definição clara para a sociedade de que a Doutrina Espírita será usada como fundamento da instituição. Herculano vê na Religião "uma província específica do Conhecimento", que não pode ser deixada de lado na educação. A laicidade tem o condão de eliminar a influência perniciosa dessa religião formalista, mas incorre no prejuízo de impedir o oferecimento de uma parcela importante da cultura. É preciso, então:

> *Encarar o educando, segundo propõe Mariotti, como um ser palingenésico*[5]*; determinar os graus de evolução mental e espiritual em que ele se encontra; testar e comprovar as suas tendências vocacionais; encaminhá-lo aos cursos correspondentes a essas indicações inatas das suas tarefas nesta encarnação; traçar um roteiro de economia vocacional a ser aplicado nas escolas; estudar o problema dos estímulos ambientais de Montessori para adaptação às novas condições pedagógicas; renovar os*

---

[5] Expressão utilizada pelo filósofo argentino Humberto Mariotti que, em síntese, remete ao ser humano que reencarna muitas vezes no planeta Terra para através das experiências realizar o seu progresso. Essas experiências formam a sua bagagem, a qual deve ser considerada pela Educação. Mariotti, amigo e admirador de Herculano, é coautor do livro *Herculano Pires, filósofo e poeta*, onde trata da "filosofia piresniana". A edição brasileira é do Correio Fraterno, S. B. do Campo, SP.

textos escolares de todos os graus de ensino, na proporção possível, mas com decisiva continuidade nesse esforço; promover cursos de adaptação dos professores ao novo sistema; renovar os processos de administração escolar, estabelecendo o princípio de maior respeito pelas atividades educacionais dos mestres; desenvolver relações mais íntimas e constantes entre a escola e o lar – são essas, ao que nos parece, as medidas a serem tomadas progressivamente. [III]

A proposta que inspira todas essas transformações, Herculano foi buscar na síntese do Ser Palingenésico de Mariotti, que, por sua vez, bebeu na mesma fonte de Herculano: a Doutrina Espírita. A educação está destinada a encarar o educando como Ser Palingenésico ou, então, não atingirá o seu objetivo. O Ser Palingenésico não constitui, propriamente, uma novidade; o novo aí está na sua formulação, pelo Espiritismo, pois, até então, nenhuma outra doutrina o havia proposto em termos objetivos, fornecendo, em consequência, todo o material complementar necessário para entender o homem.

O Ser Palingenésico altera, profundamente, a compreensão do homem. Da criança ao idoso, do jovem ao homem maduro, tudo se modifica com esta nova visão. Até aqui, o ontem era nebuloso ou não existia. O Ser Palingenésico tem um ontem e um amanhã. A educação implica influir, decisivamente, no amanhã, mas para isso precisa considerar a realidade do ontem. Para medir "os graus de evolução mental e espiritual" e "testar e comprovar tendências vocacionais" com eficiência é preciso levar em consideração a realidade do Ser como um ente preexistente. A educação submetida ao capitalismo tem poucas chances de realizar essa proposta. O professor abraça, então, o importante projeto da Educação Espírita, vendo-a como única forma de apressar as transformações. Mas o que é Educação Espírita?

É o processo de orientação das novas gerações de acordo com a visão nova que o Espiritismo nos oferece da realidade. A realidade compreende o mundo e o homem. Para o homem viver com proveito no mundo, deve saber, antes de mais nada, o que ele próprio é e qual o seu destino. Para que o mundo não aturda o homem é preciso que o homem saiba o que é o mundo. Nada disso pode ser conhecido sem o conhecimento dos princípios espíritas. [III]

O professor olha o Espiritismo com os olhos da razão e percebe sua ação transformadora. A realidade do mundo é um constante desafio para os olhos e para as mentes. O conhecimento espírita altera substancialmente o entendimento do mundo, de sua realidade. Herculano vê o Ser no Mundo e o Espiritismo estuda o Ser, o mundo e suas influências recíprocas. O mundo não é mais, e apenas, o visível, aí considerado tudo o que se pode ver, pelas lentes dos microscópios, inclusive. Da mesma forma, o Ser não é mais o homem tradicional; seu ontem aparece, nítido, filosófica e cientificamente, com todo seu acervo cultural. Alterando-se, portanto, estes dois aspectos objetivos, alteram-se, também, as influências. Herculano mergulha nesse mundo novo e verifica que há influências trocadas entre o invisível e o visível. Analisa a cultura do passado e descobre que ela não é uma bagagem amorfa, mas atuante na vida do Ser. O Espiritismo passa, portanto, a ser um conteúdo indispensável à educação, conteúdo este que a Educação Espírita vai desenvolver. O professor, contudo, quer mais. Quer a Educação Espírita em Escolas e Universidades, para que ela não fique restrita e sectária, já que:

Essa expressão pode ser entendida em dois sentidos: 1º) como uma espécie de formação sectária das crianças e dos jovens, uma forma de transmissão dos princípios espíritas às novas gerações e portan-

> *to um assunto doméstico, restrito ao lar e às escolinhas que funcionam nas federações e nos centros espíritas, à semelhança do que se faz nos catecismos das igrejas; 2º) como um processo de formação universal das novas gerações para o mundo novo que o Espiritismo está fazendo surgir na Terra.* (III)

Herculano estaria se opondo à educação desenvolvida nas federações, lares e centros espíritas? Absolutamente! É preciso entrar fundo no pensamento do professor para poder entender o seu alcance. Deseja ele ver a Educação Espírita "como um processo de formação universal das novas gerações" e, para este fim tão amplo, a atividade nos lares, federações e centros surge extremamente restrita. E mais, sujeita às interpretações do sectarismo religioso, caminho este possível à boa parte dos Centros Espíritas.

Herculano clama por escolas e Universidades, onde o ensino vai ser aplicado segundo técnicas e condições pedagógicas capazes de desenvolver os educandos em tempo ideal. Centro e federações têm suas atividades restritas a um tempo mínimo, muitas vezes sem continuidade, mescladas a um sem número de serviços paralelos. Desenvolvem, sim, um papel importante, no plano geral, para a criação desse "mundo novo que o Espiritismo está fazendo surgir".

> *A educação espírita começa no lar. Nas famílias espíritas é dever dos pais iniciar os filhos nos princípios doutrinários desde cedo. A falta de compreensão doutrinária faz com que certas pessoas pensem que as crianças não devem preocupar-se com o assunto.* (III)

Longe do professor a intenção de passar a ideia, por demais inconcebível, de que os pais espíritas devem obrigar os seus filhos a participar e aceitar os princípios doutrinários. Não! Entretanto, um trabalho de sensibilização, aliado a um esforço pessoal para exemplificação dos princípios pode e deve ser feito para que as crianças tenham, no próprio lar, a iniciação em conhecimentos que lhes vão ser úteis e necessários ao longo da vida. O processo educativo assim iniciado deverá mostrar que as crianças têm, mais do que os adultos, facilidade para viver as ideias espíritas, especialmente aquelas ideias que não lhes são oferecidas na educação tradicional, como a reencarnação, a relação com os Espíritos via mediunidade, a lei de causa e efeito e assim por diante.

> *A Educação Espírita não é só permanente, contínua, mas sobretudo integral.* [(III)]

Herculano valoriza, portanto, a ação de homens como Eurípedes Barsanulfo, que fez surgir o Colégio Allan Kardec, no início do século XX, na pequenina cidade mineira de Sacramento; de seus discípulos que, não muito longe dali, em Franca, prosseguiram o ideal da Educação Espírita; de Pedro de Camargo (Vinicius)[6], que lutou bravamente pelo Instituto de Educação Espírita, em São Paulo; e de todos aqueles que, no silêncio de sua solidão por esse Brasil afora, alimentam esse ideal. Tudo isto foi, e é, extraordinário para o professor, mas continua sendo, diante da imensa tarefa da Educação Espírita, um pequenino esforço. Uma grande maioria de lideranças espíritas não entendeu, ainda, a importância da Educação Espírita. Por isso, esta se atrasa e, no caminho, dificulta as inúmeras realizações que poderiam melhorar a difusão dos princípios espíritas. Entre as realizações mortas, Herculano lamenta uma, em especial:

---

[6] Sobre esse espírita piracicabano, leia-se *Vinicius, educador de almas*, escrito por Wilson Garcia e Eduardo Carvalho Monteiro, edição Editora EME.

A revista Educação Espírita[7]*, única no mundo, lançada e sustentada heroicamente pelo Editor Frederico Giannini, saiu de circulação por falta de recursos e de interesse do próprio professorado espírita.* (X)

A Educação Espírita, entende o professor, tem um longo caminho para se desenvolver, mas conta, já, com a base de uma Doutrina Espírita filosoficamente definida. Em seus anos de estudo e práticas, descobriu que a Pedagogia Espírita já existe e está à espera, apenas, de sistematização.

Existe a Pedagogia Espírita na própria estrutura da Doutrina, mas qualquer sistematização que fizermos não será "a", mas "uma" Pedagogia Espírita, sujeita a revisões futuras. E poderão surgir no futuro tantas Pedagogias Espíritas quantas se fizerem necessárias, de acordo com as diferenciações culturais que ocorrerem em diversos países. A unidade desses sistemas, entretanto, será garantida pelo modelo inicial e fundamental que permanece nos princípios essenciais da Doutrina. Uma Pedagogia só será espírita se estiver fundada nesses princípios. (III)

O caminho está, portanto, aberto.

---

[7] Trata-se de uma publicação coordenada pelo professor Herculano Pires, com apoio e sacrifício do editor Frederico Giannini, fundador da Edicel em São Paulo. A revista não conseguiu superar os primeiros números por falta de apoio e leitores, apesar da excelência de sua qualidade.

Capítulo 3

O CENTRO ESPÍRITA COMO *POINT D'OPTIQUE* DO MOVIMENTO

O professor pensa e vive o *Ser no Mundo* e o Centro Espírita é um dos pilares da formação desse novo Ser. Herculano preocupa-se, portanto, com este Ser. E vai estudá-lo, bem como vivenciá-lo, para poder compreendê-lo. A posição de Herculano é, pois, a do pensador e do prático, consoante suas próprias formas de compreender o homem e o mundo. O Centro Espírita é objeto de análise filosófica e de detalhamento minucioso; aí, entra ele nas particularidades, descendo ao terreno do dirigente, do frequentador e do colaborador; decodifica a Doutrina e explica sua aplicação e ensino.

Se, como professor, apontou a necessidade de compreender o educando a partir da compreensão de si mesmo, por extensão aplica ele esta fórmula ao Centro Espírita. Neste momento, como em tantos outros, Herculano é amoroso e compreensivo, enérgico e crítico. Analisa a importância do Centro Espírita a partir da importância da divulgação da Doutrina que o sustenta; parte da necessária relação de fidelidade dos membros do Centro Espírita para com esta doutrina e alcança a responsabilidade desses mesmos membros, no presente e no futuro. Entende a íntima relação do

Espiritismo com a cultura e, por isso, não abre mão de ressaltar esse aspecto, seja para orientar ou corrigir. A fórmula para a construção do bom Centro Espírita é a mesma para a divulgação doutrinária: um consciente entendimento do Espiritismo.

> *O Centro Espírita não é templo nem laboratório – é, para usarmos a expressão espírita de Victor Hugo: point d'optique do movimento doutrinário, ou seja, o seu ponto visual de convergência.* [(IX)]

O professor ensina que o Centro Espírita tem muito mais importância que qualquer outra instituição criada sob a inspiração da doutrina de Kardec. O "ponto visual de convergência" é expressão máxima dessa importância. O Centro resume em si todas as aspirações doutrinárias; nele começam e terminam as ações que visam levar o Espiritismo para a sociedade. Tudo o que se pretender em Espiritismo, a qualidade que se desejar ter no seu ensino e na sua divulgação, no atendimento do ser humano, na prática dos postulados mediúnicos e assistenciais, tudo há de levar em consideração a expressão "point d'optique" que Herculano tomou emprestada de Victor Hugo[8]. Quando afirma que o Centro não é templo nem laboratório, o professor reforça aquilo que ele de fato é e as atenções que sobre ele devem recair. A qualidade com que o conhecimento da Doutrina chega à sociedade depende implicitamente do Centro Espírita. A qualidade dos adeptos – e não sua adjetivação de es-

---

[8] Victor Hugo, poeta e romancista francês que adotou o Espiritismo a partir das famosas experiências mediúnicas realizadas na Ilha de Jersey. A respeito, leia o livro *Victor Hugo espírita*, escrito por Humberto Mariotti, tradução de Wilson Garcia e edição da Editora EME.

pírita – está fundamentalmente nas mãos do Centro. Toda essa reflexão conduz o professor a afirmar:

> *Se os espíritas soubessem o que é o Centro Espírita, quais são realmente a sua função e a sua significação, o Espiritismo seria hoje o mais importante movimento cultural e espiritual da Terra.* (IX)

Assim, para o professor, o Centro é o agente de um movimento cultural e espiritual, mas não um simples e ocasional movimento; o "mais importante" de quantos já ocorreram no planeta. É cultural porque trata, de fato, do saber humano e objetiva o Ser no Mundo.

Há, na mente do professor, uma clara noção de que boa parte dos próprios espíritas desconhecem essa importância do Centro, porque desconhecem, também, o que de fato é o Centro Espírita. Entre defensores e críticos, por muito tempo se postulou no movimento espírita três condições para o Centro: templo, pronto-socorro e escola. Herculano, no entanto, deixa de lado as três para defender a que mais se assenta aos seus olhos de filósofo: "ponto visual de convergência". E como se não se contentasse com o ficar aí, nesta cômoda posição, ele mesmo vai, mais tarde, trabalhar o conceito do Centro Espírita na direção da casa de prestação de serviços. O destaque, porém, é, neste instante, para o fato dessa ignorância do valor e da importância do Centro, que funciona como diques de contenção de seu próprio crescimento e sua multiplicação, ocasionando, também, uma prática muitas vezes desvirtuada dos preceitos doutrinários. Herculano, no entanto, está voltado para a seguinte realidade:

> *Um Centro Espírita pequeno e modesto – como na maioria o são – atrai as pessoas realmente interessadas no conhecimento doutrinário, cria um*

> *ambiente de fraternidade ativa em que as discriminações sociais e culturais desaparecem no entrelaçamento de todos os seus componentes, considerados como colaboradores necessários de uma obra única e concreta. O ideal é o Centro funcionar em sede própria, para maior e mais livre desenvolvimento de seus trabalhos, mas enquanto isso não for possível pode funcionar com eficiência numa sala cedida ou alugada, numa garagem vazia ou mesmo numa dependência de casa familial. As objeções contra isso só podem valer quando se trate de casas em que existam motivos impeditivos materiais ou morais.* [(IX)]

O conceito de Centro Espírita, do professor, tem um componente essencial: a simplicidade. O professor não desdenha a indicação de Kardec, para que o Centro, embora destituído de luxo, seja um local agradável, onde todos possam se sentir bem, independentemente de condição social. Herculano centra sua atenção nessa posição de simplicidade efetiva, para mostrar que, diferentemente dos templos religiosos, o Centro dispensa o misticismo para com o sagrado, para ocupar sua atenção no sentimento e na razão.

O professor desce, também, ao detalhe do local, e, com isto, procura destruir o preconceito dos que imaginam certos problemas para o funcionamento em determinados lugares, como, inclusive, a sala de uma residência familiar. Aliás, ele próprio vai estabelecer-se numa garagem de sua moradia e, ali, num ambiente de fraternidade, respeito, descontração e serenidade, vai desenvolver as atividades próprias de um Centro Espírita, atendendo e ensinando o Espiritismo. Não se diga que ele vai aí ao extremo. Herculano deixou claro que "o ideal é o Centro funcionar em sede própria", pelas vantagens que isso representa para as atividades. Mas, não sendo possível, um local pequeno e modesto permite um bom trabalho.

O Centro tem, entre suas funções, uma muito interessante: a de possibilitar, em seu ambiente de simplicidade, o desenvolvimento da "fraternidade ativa em que as discriminações sociais e culturais desaparecem". Tudo aquilo que dificulta esta realização, encontra no professor um opositor firme:

> *Mas o que fazemos, em todo este vasto continente espírita é um esforço imenso de igrejificar o Espiritismo, de emparelhá-lo com as religiões decadentes e ultrapassadas, firmando por toda parte núcleos místicos e portanto fanáticos, desligados da realidade imediata.* [IX]

Se o objetivo do Centro é o Ser no Mundo, o fanatismo e os demais comportamentos que denotam o apego ao passado resultam em consideráveis prejuízos. O referido "esforço imenso de igrejificar o Espiritismo" demonstra duas coisas: em primeiro lugar, a existência da cultura religiosa que o ser traz do passado e, em segundo lugar, as imensas dificuldades que tem de se livrar dos elementos místicos e ingênuos presentes nesta bagagem.

A grande tarefa de esclarecimento aí cabe aos líderes espíritas. Mas o que fazer quando os próprios líderes são os estimuladores desse ato de igrejificar? O trabalho se torna perdido. As lideranças precisam compreender, antes de mais nada, que devem fazer, de sua parte, o esforço contrário, percebendo quando a carga cultural religiosa lhes está conduzindo a reproduzir comportamentos próprios das "religiões decadentes e ultrapassadas".

A referência do professor faz lembrar a página "Na Cortina do Eu", de Emmanuel, em seu livro *Fonte Viva*, quando afirma que todos, indistintamente, colocam de si, do seu eu, a parcela de egoísmo naquilo que realizam. Nos Centros onde dirigentes e frequentadores se entrelaçam para construir esse ambiente místico, as portas do fanatismo se escancaram. O esforço contrário começa, antes de mais nada, na compreensão dessa carga de que cada um é portador, e vai terminar, exatamente, no entendimento de que a repetição dos comportamentos e atos próprios das "religiões decadentes e ultrapassadas" será a demonstração desse retorno ao passado que o Espiritismo se propõe a modificar.

Fanatismo é paixão, Kardec é razão... A falta de bom-senso levou muita gente a buscar respostas pontuais, as quais passaram a utilizar indistintamente, na tentativa de resolver problemas do Ser no Mundo. É por isso que, também, condenam reuniões mediúnicas em casa[9], levantando contra elas alegações sem base em Kardec. Mas o professor afirma, objetivamente:

> *A alegação de que a casa fica infestada ou coisas semelhantes é contraditada pela experiência. Um trabalho de amor ao próximo, feito com sinceridade e intenções elevadas, conta com a proteção dos Espíritos benevolentes e a própria defesa de suas boas intenções.* [(IX)]

O professor vem, pois, em socorro dos estudiosos sinceros. Sua afirmação está repleta de lógica. É como se dissesse: o trabalho honesto, humilde e sincero desenvolve sua própria defesa; o pensamento positivo, em grupo, estabelece uma energia ambiental forte o suficiente para deixar o local em condições da realização de práticas espíritas. A

---

[9]As reuniões espíritas em residências familiares podem ser uma etapa para a fundação de um Centro Espírita e, neste caso, cumprem um objetivo. A condenação pura e simples dessas reuniões revela o desconhecimento de uma realidade por onde teve início o próprio Espiritismo.

vibração desses pensamentos e a natural energia que eles carregam têm, ainda, o condão de atrair bons Espíritos, os quais contribuem para dar ao trabalho uma proteção especial. Com isto, Herculano lembra que Espiritismo é bom-senso e, não, misticismo.

À falta de um estudo mais profundo, o homem descuidado passa a criar modelos para cada coisa, tomando por base seus preconceitos. E classifica esses modelos de doutrinários, tornando-os lugares comuns e panaceia para todos os males. Mas o que de fato responde conclusivamente a estas questões é a lógica doutrinária que brota de seus textos.

> *No Centro Espírita em que essa compreensão doutrinária não se desenvolve, na verdade não existe Espiritismo, mas apenas um vago desejo de atingi-lo.* [IX]

Herculano desenvolve um esforço grande para esclarecer que o estudo doutrinário não pode ser feito na base da leitura corrida dos livros ou de memorização de textos. Somente um estudo crítico, analítico e comparativo, aliado a uma prática constante, pode levar o indivíduo a uma posição segura diante da obra kardeciana, em que se torna capaz de criar atividades doutrinárias sem necessidade de recorrer a regras ilógicas. Uns tantos pensamentos esparsos, ditos com ênfase, podem parecer conhecimento, mas não passarão de cultura de ilustração. Eles não servem para líderes espíritas, principalmente porque não resolvem os problemas da prática cotidiana, em que se tem de contar com a criatividade sem fantasias e ilusões.

> *Num Centro Espírita bem organizado esses problemas são estudados e ensinados, para que as pessoas interessadas no ensino real do Cristo possam compreender o sentido do Espiritismo.* [IX]

O professor desenvolve com eficiência a sua função de fazer pensar, que Horácio elogiava. A ação de ensinar e estudar deve levar à compreensão dos objetivos do Espiritismo. Em seu aspecto de escola, o Centro Espírita tem isso por tarefa. A boa organização, que Herculano valoriza, é alcançada com simplicidade, sem os excessos da burocracia, que só servem para roubar dos dirigentes e colaboradores o precioso tempo, que poderia ser usado com proveito no estudo e na prática doutrinária, ou em outras atividades igualmente necessárias. Essa organização deve ajudar o ensino e a prática e não se constituir em entrave para elas. Com isso, ganha o Centro e ganham os seus frequentadores, pois conseguem ter mais claro o objetivo doutrinário, que outro não é senão o desenvolvimento da consciência do Ser e de sua atuação no Mundo. Afinal:

> *As práticas místicas do passado não servem para a era da razão, em que nos encontramos na antevéspera da era do espírito.* (XX)

A proposta do Espiritismo é substituir a carga pesada da cultura do passado pelo conhecimento novo. O religiosismo, carregado de misticismo, confronta-se com a razão kardeciana. O professor alerta que não é possível conviver com os dois, ao mesmo tempo, nem tê-los presentes, razão e misticismo, na mesma bagagem cultural, de modo que venham a conviver harmoniosamente. Ou fica-se com o primeiro e se despreza o segundo ou vice-versa. A escolha deve estar acompanhada da lógica: um e outro darão resultados próprios, mas diferentes. O religiosismo místico conduzirá o Ser ao porto da apatia e da mediocridade; a razão conduzirá à gleba do labor e do ideal. O Espiritismo, como se vê, tem ligações com o segundo, por evidentes razões, afinal, veio para renovar.

> *No Espiritismo não deve existir nenhum tabu, nenhuma superstição.* (XV)

O misticismo religioso é a carga cultural eivada de superstições bisonhas, diante das quais o Ser, sufocado, não consegue raciocinar com clareza e, portanto, não percebe a pobreza de espírito em que está metido. As superstições se transformam em tabus, assim como os modelos de atividades, que alguns tentam implantar nas casas espíritas. As respostas prontas e acabadas têm sentido semelhante, pois tornam-se o lugar-comum em que o Ser, de raciocínio ilógico, acaba aportando por comodidade, contentando-se com soluções apenas aparentes. A ausência de tabu e superstição, que Herculano destaca, significa haver no centro espírita uma abertura permanente para a análise e a discussão, especialmente tendo em vista a evolução do conhecimento e das práticas doutrinárias. A medida para tudo está, assim, no bom-senso. Senão, vejamos:

> *Num Centro Espírita não devemos usar imagens para adoração. Mas isso não quer dizer que não possamos ter nos centros espíritas fotografias ou quadros artísticos, desenhos ou pinturas de Jesus, de Kardec, de Léon Denis ou de outras personalidades espirituais. Esses quadros não são objeto de adoração. Constituem simples lembranças, como os quadros de retratos de parentes ou amigos. Todas as sociedades, no mundo inteiro, usam quadros na parede e não praticam idolatria.* (XV)

A tendência de muitos para os extremos costuma levar à tomada de atitudes amparadas no não-senso. Ou seja, a simples observação de que não cabem nos Centros Espíritas quadros e imagens com a finalidade de culto, de adoração, costuma levar os desavisados a concluírem que qualquer coisa que se pareça com quadros ou imagens deve ser definitivamente abolida do centro. Mas são, evidentemente, duas coisas distintas. O que está contrário à lógica espírita é o objeto de adoração, o símbolo que atrofia a mente, que embota o raciocínio, que aprisiona a criatura que o toma como meio necessário para objetivos espirituais. A obra de arte, os quadros de figuras destacadas e outros objetos, cuja função é fortalecer a memória e o prazer estético são valores que o Espiritismo só pode ver com bons olhos. A doutrina é contrária a tudo aquilo que aprisiona a mente e emperra a caminhada do Ser. A idolatria é uma forma superada de relação da criatura com o Criador.

Ora, chamando a atenção para esses aspectos, quer o professor, também, levantar o problema subjetivo da idolatria, que alguns costumam transferir dos ídolos religiosos do passado para os Espíritos que se destacaram em suas existências no Planeta. Esse processo de transferência costuma acontecer de maneira imperceptível, de modo que o Ser, pressionado pela carga cultural que traz de existências passadas, abandona apenas aparentemente os ídolos de sua relação. No fundo, costuma ocorrer uma simples substituição do objeto da adoração, especialmente, quando o Ser não consegue compreender as enormes diferenças que existem entre a cultura antiga e aquela que o Espiritismo ajuda a construir.

> *O centro espírita significa, assim, a fortaleza espiritual da grande batalha para o restabelecimento da verdade cristã na Terra.* [(IX)]

Surge, então, e aumenta consideravelmente, a importância do Centro Espírita bem organizado e dirigido, onde esses problemas são estudados e tratados sem nenhum tabu, sem preconceito de qualquer espécie. O professor fala de uma “fortaleza espiritual” em que o Centro Espírita deve se transformar. A imagem é importante pelo fato da existência de uma "grande batalha para o restabelecimento da verdade". Isto significa que o estabelecimento do conhecimento novo não vai encontrar um terreno fácil. Eis porque o Centro Espírita precisa estar preparado. Contra os novos conhecimentos se opõem as superstições, os interesses sociais e culturais e os grupos dominadores. Dessa forma, é conveniente encontrar um conceito para o Centro Espírita que o livre de qualquer ligação com a mentalidade obsoleta, especialmente no campo religioso, e que melhor o defina em sua atuação no campo social. Afinal, sua finalidade, nunca é demais lembrar, é o Ser no Mundo. Herculano atinge, assim, o momento propício para colocar que:

> *No desempenho de sua função, o Centro Espírita é, sobretudo, um centro de serviços ao próximo, no plano propriamente humano e no plano espiritual.* (IX)

O conceito de prestador de serviços é atual e deve ser visto como plenamente ajustável às funções do Centro, estando de acordo com sua realidade evolutiva. O Centro Espírita dos nossos dias tem a face totalmente modificada em relação àquela que lhe deu origem um dia: a Sociedade Parisiense de Estudos Espíritas, fundada por Kardec e seus companheiros. Isso é compreensível. Até a denominação – "Centro Espírita" – deve ser vista como ajustada à cultura brasileira, uma vez que não surgiu de uma atitude deliberada de Kardec, mas do aparecimento da doutrina em nosso País.

As funções e os objetivos da Sociedade diferem, profundamente, das funções e objetivos do Centro atual, que incorporou várias atividades ao longo deste século e meio que medeia a criação da Sociedade e a atualidade, além de se ter aberto para a sociedade com regras menos rígidas. O professor compreende essa realidade ao vê-la compatível com a Doutrina, uma vez que esta deve ser vista no seu aspecto interpretativo, com a própria interpretação, pessoal ou coletiva, também evoluindo e se adaptando ao momento em que é feita. Assim, nem templo, nem laboratório, nem pronto-socorro, nem escola; por outra, é tudo isso, ao mesmo tempo, mas sob nova feição: a da razão espírita. O Centro é, portanto, uma Casa de Serviços e Cultura Espírita[10].

A prestação de serviços não implica em cobrança por eles. O que regula o seu valor e a forma como são oferecidos os serviços é o sentido profundo da caridade, segundo o "dai de graça o que de graça recebestes". O ensino do Espiritismo se prende à parte cultural, que se completa com a prática. É preciso ver, contudo, que:

> *No Centro Espírita não se podem restringir as atividades apenas ao aspecto religioso e assistencial. Além dos cursos que devem ser dados sobre a Doutrina, com método e insistência, é necessário que em todas as sessões sejam pronunciadas breves palestras elucidadoras, seguidas de diálogos da assistência com o expositor[11]. Sem o constante e livre estudo da Doutrina – dirigido sem pretensões, mas também sem o receio de abordagem dos pontos mais difíceis da Doutrina – não conseguiremos superar o estágio embrionário em que ainda permanece grande parcela do movimento doutrinário.* [(IX)]

---

[10] A sugestão de Herculano Pires inspirou-me o livro *Nosso Centro, casa de serviços e cultura espírita*, edição Eldorado/EME, SP.

[11] O grifo é nosso. É preciso chamar a atenção para o diálogo que Herculano sugere, como forma de se alcançar a excelência da comunicação no ensino do Espiritismo. Ao invés de palestras monológicas, deve-se valorizar, cada vez mais, nos Centros Espíritas as palestras dialógicas, seja porque são as que permitem apreender melhor o conhecimento, seja pelo fato de serem a forma ideal de difusão do conhecimento.

O professor, coerente com sua função de pedagogo, prega, sempre, a necessidade de liberdade. Fala ele em "livre estudo", mas, também, em "método e insistência", "palestras elucidadoras" e "diálogo". Reforça a vantagem do "estudo dirigido sem pretensões", referindo-se, aí, à necessidade de desprendimento, seja do expositor, seja por parte dos estudantes, a fim de dar ao ambiente um conteúdo favorável aos objetivos, impedindo o aparecimento de fatores prejudiciais, como o orgulho e a vaidade. Mas é preciso, ainda, levar em consideração a necessidade de "abordagem dos pontos mais difíceis", para superar o "estágio embrionário" em que considerável parcela do movimento espírita ainda estagia. É o mesmo que afirmar ser preciso abandonar a superficialidade e esforçar-se para penetrar com decisão nos objetivos do Espiritismo, a fim de melhor aproveitar a doutrina.

Um dos fatores que favorece esse aprofundamento é o diálogo, muitas vezes desprezado nos cursos doutrinários, por razões que deveriam ser removidas, mas que permanecem em virtude do descaso e da teimosia dos dirigentes. Apresenta-se, às vezes, um absurdo temor pelo diálogo e esse temor é resultado, não raro, do despreparo cultural, doutrinário e até mesmo psicológico dos expositores e dirigentes. Mas está precisamente no diálogo o clímax, o ponto mais alto de qualquer estudo ou palestra. A sua supressão acarreta enormes prejuízos ao estudo. Dirigentes e expositores, em lugar de temê-lo, deveriam perceber que não é desonra não poder, eventualmente, responder com precisão a todas as questões, mesmo porque não devem considerar-se em posição mais elevada que os alunos, afinal:

> *Nada mais triste do que um Centro Espírita em que alguns se julgam mestres dos outros, quando na verdade ninguém sabe nada e todos deviam colocar-se na posição exata de aprendizes.* [IX]

O professor, como mestre verdadeiro, põe-se no nível dos alunos e faz-se, de fato, um deles. O que o difere, no momento do estudo, dos alunos, é a responsabilidade que lhe pesa nos ombros. Mas sabe-se, sempre, aprendiz, segundo a sábia orientação socrática: "só sei que nada sei". A experiência do professor é também outra das suas diferenças para os alunos. A sabedoria, porém, o leva a usar essas vantagens com discrição e humildade, sem as falsidades comportamentais comuns aos orgulhosos e vaidosos. Vale-se, muitíssimo, da compreensão de que:

> *Médiuns, expositores e escritores espíritas não são luminares nem santos, mas criaturas falíveis que podem também cair a qualquer instante de seus falsos pedestais.* [(IX)]

São homens, acima de tudo, com suas cargas culturais, vivendo num mundo onde, para se conhecer uma parte da realidade, precisam dividi-lo entre visível e invisível, e estudá-lo desse ponto de vista. Uma visão genérica da situação é suficiente para demonstrar o estágio da maioria, "criaturas falíveis", sob pressões distintas: a exercida pela própria carga e as pressões das necessidades do progresso ou evolução.

As relações entre o visível e o invisível, há tão pouco tempo transformadas em objeto de estudo, por suas próprias características, tem dado margem à supervalorização do invisível e uma das fortes razões para isso é a carga cultural, na qual está presente o conteúdo do mistério, tão ao gosto de expressiva maioria. "Criaturas falíveis que podem cair" acaba sendo, para muitos, uma expressão que valida a ação do invisível, atribuindo-se-lhe, indevidamente, a causa de todos os acontecimentos. Aí está, para Herculano, um dos objetivos do Centro, em sua tarefa de esclarecimento do Ser: ajudar no desenvolvimento de ideias lógicas, racionais. Para tanto é preciso corrigir rotas e evitar falhas comuns a outras doutrinas que antecederam a espírita, quando precisaram passar do plano teórico para o prático. Por exemplo:

> *As tribunas espíritas não existem para encenações e exibições de oratórias de tipo bacharelesco, mas para esclarecimento das multidões que afluem às instituições doutrinárias em busca de conhecimento e não para se deleitarem com palavrórios retumbantes.* (II)

A personalidade do professor é provida de um princípio de seriedade tão objetivo que pode ser vista na virilidade[12] com que se expressa. Isso é não só compreensível como altamente exemplar. Herculano não se perde diante dos formalismos e das banalidades. E compreende que a virilidade é um ingrediente indispensável ao Espírito Superior. Seu comportamento é, pois, um exemplo vivo para aqueles que desejam entender o Ser Cristão. A experiência mostra, com certa clareza, que alguns espíritas desavisados ou fortemente vaidosos confundem a tribuna doutrinária com local para exibições de conhecimento de ilustração, ou para gesticulações teatrais. O professor volta-se contra isso por legítimo ideal: o Centro não pode se perder nestas situações, deixando desviar-se de seus objetivos. E para entender a preocupação do professor podemos vê-lo servindo-se de exemplos interessantes, como a resposta dada por João Leão Pitta quando lhe perguntaram sobre os requisitos necessários a uma boa palestra. Disse Pitta, em texto reproduzido por Herculano:

---

[12] Virilidade, aqui, não possui o significado comum e não se refere à condição sexual masculina, mas ao vigor do espírito em sua ação por justiça, pela verdade e pelo Bem. É com esta conotação que Herculano Pires utiliza o termo.

"Não pregue nem faça discursos. Ensine o que souber; depois de haver lido e estudado Kardec, fiz milhares de pregações e me arrependo de meus entusiasmos. Na verdade, conversando depois com os ouvintes que me elogiavam, tive a surpresa de verificar que de todos os meus falatórios só uma pessoa havia aprendido alguma coisa: eu mesmo, que aprendi a conter a língua". [(II)]

Herculano admira estas personalidades raras, capazes de atitudes francas e de, ao mesmo tempo, manterem a dignidade e jamais perderem a ternura. Por isso, tinha especial apreço por João Leão Pitta, por Cairbar Schutel e tantos outros homens que batalharam pela difusão do Espiritismo em tempos em que as comunicações e o transporte andavam no lombo de cavalos.

PARA ENTENDER DE DISCIPLINA NO CENTRO

A cultura dos dirigentes e a realidade social em que estão inseridos são fatores determinantes para as normas que vão estabelecer no Centro Espírita. O pensamento do professor, nesse instante, se torna de grande valia, uma vez que ele verá a questão pela ótica cultural, que leva em consideração o futuro descortinado pelo Espiritismo, bem como as necessidades do Ser em sua evolução. Com o Espiritismo, ensina ele, se aprende a ver as coisas sob uma nova perspectiva; o bom-senso ajuda a encontrar as soluções para os aspectos inúmeros das atividades para as quais o corpo doutrinário não contém elucidações objetivas. Vemo-lo, assim, ensinando que:

O problema da disciplina no Centro Espírita é dos mais melindrosos e deve ser encarado entre as coordenadas da ordem e da tolerância. Não se pode estabelecer e manter no Centro uma disciplina rígida, de tipo militar. (IX)

A realidade social tem influência decisiva nas atividades das organizações humanas. Por exemplo, durante o regime militar no Brasil, de 1964 a 1984, quando a ordem pública era controlada por normas rígidas e a liberdade vivia sob opressão, viu-se como certos Centros reproduziam em seus recintos a situação vigente lá fora. Os reflexos disso eram que as normas se tornavam opressoras dos melhores ideais para se alcançar os objetivos doutrinários. As mudanças sociais que se seguiram, levaram seus ares para o próprio Centro, que, de certa forma, respirou, aliviado. O professor alerta, portanto, para a necessidade de estabelecer a disciplina entre dois pontos: ordem e tolerância, ambos suficientes para a formação de um ambiente em que a liberdade individual não fique sufocada, pelo contrário, possa expandir-se. E para tornar seu pensamento mais claro, aduz:

Não é justo deixarmos fora da sessão companheiros dedicados ou necessitados, porque chegaram dois ou três minutos atrasados. (IX)

Trata-se de um exemplo, simples e até aparentemente ingênuo para um problema complexo. Todo exagero implica em má interpretação doutrinária e em prejuízo para as atividades, as pessoas e a divulgação do Espiritismo. O problema do horário, como de resto outros semelhantes, é tratado com certos exageros, não validados por Kardec ou pelos Espíritos que ditaram a Codificação. A rigidez excessiva provoca desconfortos, além de ser um mau exemplo. Disseminou-se no movimento a ideia de que os Espíritos têm tantas responsabilidades que, chegando o horário da sessão e não sendo ela iniciada, vão eles embora. Trata-se, evidentemente, de má interpretação, acrescida dos excessos próprios da carga passada do indivíduo. Os Espíritos Superiores trabalham com bom-senso e têm uma compreensão equilibrada das circunstâncias da vida na Terra, levando, naturalmente, em consideração as atribulações normais, adversidades e imprevistos que ocorrem. Diante dessas circunstâncias, não ocasionariam nenhum prejuízo a qualquer pessoa. Isso é diferente, contudo, nos casos onde ocorrem irresponsabilidades, que ocasionam desordem. Em tudo, portanto, há que se ter tolerância e agir com bom-senso.

> *A disciplina autoritária e rígida teve a sua função na disciplinação dos povos bárbaros após a queda do Império Romano. Essa coerção prosseguiu pelos tempos sombrios do Medievalismo. Mas a Era da Razão, que surgiu da noite medieval, reivindicou os direitos individuais do homem, na linha ateniense do esclarecimento cultural.* (IX)

Vivemos a Era da Razão, lembra o professor. O Espiritismo é filho desta era e a razão é sua flor perfumada. Toda disciplina levada ao extremo é supressora das liberdades, reivindicadas pela nossa era e embasadas no "esclarecimento cultural". Ordem e tolerância são os elementos fundamentais nas atividades do Centro.

> *Formava-se e ainda se tenta formar, no meio espírita, uma estrutura totalitária de poder e arbítrio, com uma disciplina legal asfixiando a liberdade espírita.* (X)

Que outras doutrinas, especialmente as dogmáticas, se utilizem de medidas autoritárias, onde o poder emana de cima para baixo é compreensível e até tolerável; o meio espírita, porém, oferece terreno adequado a outro tipo de disciplina e não valida a autoridade assim concebida. É preciso pensar, também, noutros tipos de normas disciplinadoras que acabam sendo implantadas de forma arbitrária. Estas são tão nocivas quanto as outras. Referimo-nos àquelas normas que são impostas e que visam coibir abusos, fazendo desses, que deveriam ser contemplados na sua expressão verdadeira de exceção, a regra. Isso pode ser visto, por exemplo, na prática mediúnica, onde as normas praticamente acorrentam o candidato a médium. Aí se costuma dizer a ele que isto não pode, aquilo também não e assim por diante, de modo que, envolvido pela proibição sobra-lhe muitas vezes apenas o animismo, que passa então a praticar como se mediunidade fosse.

A QUESTÃO DA CRIANÇA NO CENTRO ESPÍRITA

As atenções de Herculano estão voltadas para os objetivos do Centro Espírita. Vamos encontrá-lo, portanto, penetrando em suas particularidades e práticas, disposto a levar dirigentes e frequentadores ao raciocínio lógico sobre suas responsabilidades. Está ele consciente das imensas dificuldades desse movediço terreno, mas está igualmente consciente de que há aí muitas interpretações equivocadas, advindas da incompreensão dos objetivos doutrinários, o que significa ausência de visão científica do Espiritismo. Vale, portanto, seguir seu raciocínio, a começar por onde a vida começa: com a criança.

> *As crianças de hoje estão preparadas para enfrentar a realidade do novo mundo que está nascendo. Esse novo mundo tem por alicerce os fundamentos do Espiritismo, porque os princípios da Doutrina estão sendo confirmados dia a dia pelas Ciências.* [III]

O professor pensa a questão das crianças com um olhar posto no presente e outro no passado, uma vez que considera as conquistas do mundo atual e a realidade dos espíritos que estão renascendo, trazendo em sua bagagem as experiências vividas outrora. Seu argumento deveria ser considerado com atenção para pôr fim às teorias ingênuas sobre este período da vida. O momento é extremamente propício para a discussão do assunto, especialmente pela apatia em que parece estar mergulhada a educação infantil nos meios espíritas. Por outro lado, a dúvida que muitos pais, dirigentes e frequentadores dos centros espíritas têm sobre a condução dos filhos diante da religião, Herculano a resolve assim:

> *Negar à criança o direito à educação cristã, através da evangelização, seria sonegar-lhe o quinhão que lhe cabe na herança cultural* (III)

O professor segue em sua linha de raciocínio, repetindo o que já afirmou: a religião do Ser em seu templo interior contém um conhecimento que pertence à cultura. Todo homem tem direito a essa parcela cultural. Os pais espíritas têm, por dever, facilitar a seus filhos alcançarem essa parcela e o caminho para isso é a educação cristã "através da evangelização". Herculano insiste, pois, na educação cristã como direito da criança, da mesma forma que, hoje, ficou pacífico o seu direito à escola, à saúde e a tantos outros conteúdos culturais. Antes, quando tratou do ensino da religião na escola, deixou clara a questão ao analisá-la deste ponto de vista amplo: a religião sem rótulos, vista como parte da cultura geral. O Centro Espírita surge, então, como o local ideal para a educação cristã, o que não significa que se deve desprezar o ensino cristão no lar e nas escolas. Há, contudo, que se observar o seguinte raciocínio:

> *A evangelização da criança não pode ser encarada como ato de imposição ou de violência. Nenhuma aula de evangelização espírita impõe dogmas de fé*

nem pretende realizar a internalização dos princípios espíritas, pois sua finalidade é o contrário: despertar na criança as suas forças interiores e fazê-las aflorar no plano da consciência. [(III)]

O professor está preocupado também com a carga cultural dos evangelizadores, que pressiona para a repetição de fórmulas ultrapassadas, e com o despreparo dos mesmos, despreparo esse pernicioso em todos os sentidos. Especialmente neste terreno: o religioso. A própria palavra "evangelizar" tende a conduzir ao entendimento de "doutrinação". Além disso, leva o indivíduo ao uso de métodos contrários às necessidades da criança, segundo informa o Espiritismo. E como Herculano entende a questão da violência aplicada à educação infantil? Certamente, não se refere ele unicamente à violência física ou verbal, mas àquela que o evangelizador passa sub-repticiamente, impondo conceitos e forçando a condução do raciocínio do aluno para a aceitação do seu modo de ver e entender. Herculano fala, então, sobre a necessidade de "despertar forças interiores". Do contrário, poderemos estar caminhando no sentido da "imposição de dogmas". Exigir ou mesmo desejar que um raciocínio particular seja aceito como verdadeiro é uma forma velada de violência. É preciso muito cuidado, aí, da mesma forma que é preciso, também, não confundir o raciocínio e passar para um comportamento francamente passivo, no qual não se ensina nada da Doutrina Espírita.

Mas, além disso, é preciso lembrar que a evangelização da infância não é nem pode ser feita em termos de pura abstração, o que seria um ilogismo. Daí o apelo muito justo e muito pedagógico, pois inegavelmente didático, às historietas figuradas. [(III)]

Historietas figuradas são recursos didáticos legítimos para o professor, mas não podem ficar no terreno puro da abstração. Herculano pede, com isto, uma posição coerente e permeada de bom-senso do evangelizador. Pede-lhe criatividade em sua tarefa, mas recomenda que o faça com lógica, para não perder de vista o comportamento ideal e os objetivos doutrinários, já que o início do desenvolvimento da consciência ideal está exatamente aí, na educação da infância. Ora, o recurso às "historietas figuradas" não significa ausência de Espiritismo, assim como não significa preconceito cultural. Seria ilógico oferecer evangelização à luz do Espiritismo, sem Espiritismo; da mesma forma que seria ingenuidade não recorrer a tantos e tantos conhecimentos existentes na cultura geral. Veja-se, objetivamente, o seguinte:

> *Ensinar às crianças o princípio da reencarnação, da lei de causas e efeitos, da presença do anjo-guardião em suas vidas, da comunicabilidade dos espíritos e assim por diante é um dever inalienável dos pais.* [III]

Sendo dever dos pais é, mais ainda, dos evangelizadores! Mas, não nos esqueçamos, o professor coloca as questões para análise e não para aceitação ou recusa imediata. Mesmo porque, vai diferenciar, como de fato diferente é, o ensino desses princípios segundo as faixas etárias, quer dizer, de desenvolvimento do ser.

Insiste, contudo – e, neste caso, faz a crítica da realidade que observa – na importância de ensinar os princípios doutrinários como forma de justificar o trabalho de evangelização.

A adequação à realidade é uma consequência natural, à qual estará atento o bom evangelizador. Atento e preparado para fugir dos lugares comuns e das respostas prontas, generalizantes e, por isso mesmo, nocivas, como neste exemplo:

Uma criança nasce com deficiência numa perna ou num braço e logo um sabereta espírita promove a suposta devassa do seu passado, acusando-a de crimes inverificáveis. (II)

A explicação de um fato não pode ser encontrada numa generalização, especialmente quando este fato tem sua causa registrada na memória insondável da Espiritualidade. São inúmeras as possibilidades causais e nenhum espírita deve se sentir obrigado a ter resposta para tudo e para todos os casos. Antes de mais nada, diz o professor, há que se ter humildade para reconhecer a própria incapacidade pessoal em determinadas circunstâncias.

É verdade que a programação kármica leva em conta os acidentes prováveis, mas a margem de liberdade é indispensável na experiência reencarnatória, e que acima dos objetivos de resgate existe o interesse básico de aprendizado e desenvolvimento das potencialidades. (II)

A virtude, no caso, está em perceber a situação de um ponto de vista sábio, onde as explicações simplórias cedem lugar ao raciocínio lógico e coordenado. Diante do problema do Ser é necessário pensar em termos de "aprendizado e desenvolvimento das potencialidades". A natureza provê o indivíduo das condições necessárias à sua evolução. Veja-se, ainda:

É forçoso considerar-se também a impiedade e até mesmo a imoralidade da permanente exibição dos crimes do passado nos aleijões da atual existência. (II)

Herculano deixa claro, em tudo isso, que o Centro Espírita tem responsabilidade com o ser humano em todas as suas fases, devendo se comportar com largueza de visão e sempre compreender que:

> *A Educação Espírita não é só permanente, contínua, mas sobretudo integral.* (III)

Assim, pois, no terreno da preparação dos filhos, como pais:

> *Não se deve forçá-los, mas apenas estimulá-los no tocante aos ensinos espíritas.* (VII)

Mesmo porque, forçar o filho...

> *...a seguir um rumo que repele é cometer uma violência de graves consequências futuras.* (VII)

O professor põe suas vistas no tempo e na condição espiritual e mental do Ser, ciente de que há momento para tudo, segundo o sábio ensino de Paulo de Tarso. Pais que se desesperam com a recusa dos filhos em aceitar este ou aquele rumo precisam compreender que os filhos têm seu caminho e sua oportunidade de escolha, onde querem e devem empregar a liberdade de opção. Filhos de pais espíritas não precisam ser, necessariamente, espíritas e, se o forem, devem ser por opção e não pela vontade imposta por quem quer que seja.

Vale o raciocínio para o centro espírita, onde alguns dirigentes confundem a oportunidade de oferecer ensinamentos com uma suposta responsabilidade de tornar as pessoas espíritas. São coisas distintas, acima das quais o Espiritismo coloca a liberdade individual, que o Centro deve não apenas privilegiar mas, também, criar condições ideais para que essa liberdade possa ser exercida em termos de expressão do pensamento em todos os sentidos.

CONCEITUAÇÃO E PRÁTICA DA MEDIUNIDADE NO CENTRO

O encontro do professor com a mediunidade é, pode-se dizer, o momento em que o sábio devassa mistério. Ali, onde o vulgo costuma se abobar e o homem simplório aceitar o irracional, o professor estuda, analisa e propõe um conceito verdadeiramente surpreendente:

> *A mais refinada conquista da evolução, que marca o homem com o endereço do plano angélico, é a Mediunidade. Função sem órgão, resultante de todas as funções orgânicas e psíquicas da espécie, a Mediunidade é a síntese por excelência, que consubstancia todo o processo evolutivo da Natureza.* [VII]

Esta extraordinária visão é da mais alta importância e deve influenciar todos os setores do Centro Espírita. A mediunidade não é apenas uma conquista, mas a "mais refinada" de quantas dizem respeito à evolução; é o selo do progresso do homem, e ao mesmo tempo o seu endereço para o plano angélico. O seu refinamento pode ser visto sob o ângulo das energias mais puras, que o ser humano é hoje capaz de produzir, bem como pelas amplas possibilidades, que oferece a este mesmo ser humano, de se relacionar com o invisível, liberando-se dos limites estreitos que a vida na Terra, até então, o obrigava. Devassar o invisível é uma possibilidade, agora, real e o que disso resulta altera definitivamente a realidade do Ser no Mundo. Talento ou sentido espiritual, não importa que nome se lhe dê, a mediunidade não está localizada especificamente em um órgão do corpo humano, embora dependente do funcionamento de todos eles, na sua conjugação com a mente. É ela, enfim, a síntese de todas as conquistas no "processo evolutivo da natureza". O professor, como se vê, não se detém nos limites daquele terreno suspeito que é o "lugar-comum". Embora não negue definitivamente, também não valoriza as definições que simplificam a mediunidade em seu aspecto de "prova" e de "ferramenta" para pagamento de débitos do passado. Tudo isso passa a ser detalhe, simplesmente detalhe, que não deve ser confundido com o verdadeiro conceito. A mediunidade vai além do detalhe, dos fenômenos, dos fatos materiais, para ser resultado do progresso do psiquismo humano, numa palavra, uma conquista.

> *Liberto, no ponto neutro, da poderosa reação da Terra, o espírita está em condições de se elevar ao plano angélico.* (IX)

A liberdade aí conquistada, a que alude o professor, está intimamente ligada à capacidade de compreender e discernir, adequar e praticar, na medida exata da justiça e do bem, ocasião em que o Ser se torna apto a ingressar em planos mais elevados. É perfeitamente possível alimentar tal aspiração, mas esta deve ser colocada ao lado da compreensão de que o tempo para o seu amadurecimento está um pouco longe, embora não seja impossível alcançá-lo.

> *Temos assim duas áreas de função mediúnica designadas como mediunidade generalizada e mediunato. A primeira corresponde à mediunidade natural que todos os seres humanos possuem, e a segunda corresponde à mediunidade de compromisso, ou seja, de médiuns investidos espiritualmente de poderes mediúnicos para finalidades específicas na encarnação.* (VII)

Uma vez conceituada em sua expressão mais elevada, pode, agora, o professor descer aos detalhes, analisar os pormenores, dando ao tema da mediunidade a clareza do pedagogo. Traz, então, o ensinamento kardeciano para o plano da prática, utilizando-se do recurso didático de dividi--la entre mediunidade generalizada e mediunato, que corresponde à mediunidade ostensiva a que Kardec se refere. A diferença, apenas formal, fica por conta da maneira como a explica o professor: o mediunato define o compromisso de médiuns, que reencarnam com finalidades específicas de atuação social. Segundo Kardec, a mediunidade ostensiva se caracteriza pela capacidade do médium ser o intermediário de fenômenos produzidos por Espíritos. O professor chega, também, procurando, antes, estabelecer uma visão completa do assunto, reunindo no termo mediunato tanto a capacidade de produzir os fenômenos quanto o compromisso reencarnatório.

O portador da mediunidade generalizada é uma criatura apta às influências dos seres invisíveis, mas não se concretizam, por seu intermédio, fenômenos propriamente ditos; o indivíduo portador de mediunato tem as mesmas possibilidades do médium geral, acrescidas do fato de poder se colocar nesse terreno que une o ser humano e as inteligências que habitam o mundo invisível, oferecendo condições para a produção de efeitos físicos, psicofonia, curas etc. A experiência, contudo, nos tem ensinado que a fronteira entre a mediunidade geral e o mediunato, o que implica dizer, entre o médium ostensivo e o médium geral é muito tênue. Além disso, tudo leva a crer que um e outro se misturarão no futuro, sobrevindo, então, a mediunidade geral direta. No campo das atividades intelectuais, por exemplo, uma grande gama de pensadores, escritores, artistas etc., já convive com uma mediunidade geral quase ostensiva e os Espíritos que os influenciam produzem através deles resultados muito próximos dos que são obtidos através dos médiuns ostensivos.

> *O mediunato é também concedido em casos de pura assistência ao próximo e ajuda à Humanidade;*

> *como nos mostra o exemplo histórico das meninas Boudin, Julia e Carolina, em Paris, cuja mediunidade admirável garantiu o êxito da missão de Kardec.* (VII)

Refere-se o professor, aí, a uma das maiores qualidades da mediunidade, àquela em que o indivíduo vem como missionário e sua maior obrigação é contribuir para o progresso da humanidade. É bem verdade que existem os falsos médiuns missionários, ou seja, aqueles que se auto investem de uma missão e passam a se projetar como se de fato tivessem uma grande elevação espiritual pessoal. Mas esses a prática cuida de apontar e, não raro, denunciar suas intenções.

> *Médium quer dizer medianeiro, intermediário. Mediunidade é a faculdade humana, natural, pela qual se estabelecem as relações entre homens e espíritos. Não é um poder oculto que se possa desenvolver através de práticas rituais ou pelo poder misterioso de um iniciado ou de um guru.* (VII)

Embora repise temas conhecidos, o professor busca, nessa repetição, favorecer a apreensão do conhecimento. Sendo o resultado de um longo processo evolutivo, uma conquista, em suma, a mediunidade precisa ser vista e tratada em sua condição natural, de função que se desenvolveu ao longo da evolução. Isto, porém, ao que parece, vai exigir longos séculos de experimentação, por parte do homem, eis que, ainda hoje, a relação com o invisível, mesmo para muitos estudiosos, é realizada ao nível do artificialismo e do distanciamento do homem em relação aos Espíritos. Evidentemente, mais por culpa do primeiro, que não se habituou com a ideia de que o ser invisível é semelhante a ele, sendo estranha, no caso, apenas a forma de comunicação. Sendo uma faculdade natural, própria da natureza humana, submetida a leis e mecanismos que devem ser conhecidos pelo estudo do Espiritismo. Este conhecimento vai demonstrar, com razão, que a mediunidade não se desenvolve através de fórmulas ritualísticas ou sob a ação de iniciados ou gurus. Há meios próprios para o desenvolvimento mediúnico. Prosseguindo:

> *As crianças a possuem, por assim dizer, à flor da pele, mas resguardada pela influência benéfica e controladora dos espíritos protetores, que as religiões chamam de anjos da guarda.* (VII)

Sendo, repetimos, conquista natural, a mediunidade surge já no berço, sob condições tais em que fica de certa forma latente e protegida. O invisível cuida de dar essa proteção neste período da vida, para que a criança não degenere. A caracterização entre mediunidade geral e mediunato dificilmente poderá ser feita nesta fase. A convivência com a criança portadora de mediunidade deve levar em consideração o seu estágio infantil. Vale dizer:

> *No primeiro ciclo só se deve intervir no processo mediúnico com preces e passes, para abrandar as excitações naturais da criança, quase sempre carregada de reminiscências estranhas, do passado carnal ou espiritual. Na adolescência o seu corpo já amadureceu o suficiente para que as manifestações mediúnicas se tornem mais intensas e positivas. É tempo de encaminhá-la com informações mais precisas sobre o problema mediúnico.* (VII)

A informação do professor está alinhada com o pensamento de Kardec. Foi com este, durante o tempo de preparação de *O Livro dos Espíritos* que duas irmãs, adolescentes tiveram presença decisiva, como médiuns. Trata-se das irmãs Boudin. A elas se deve, praticamente, a preparação do livro. Mas esta informação tem uma importância especial, uma vez que serve, também, para combater um certo preconceito que se estabeleceu e criou raízes no meio espírita, segundo o qual antes dos dezoito anos nenhuma criatura pode participar de atividades mediúnicas e muito menos desenvolver a mediunidade. Trata-se, com certeza, de um preconceito sem fundamento doutrinário. Como mostra Herculano, por ocasião da adolescência o indivíduo já está de posse de um corpo físico em condições favoráveis para o trabalho mediúnico, se é este o caso. As irmãs Boudin, entre inúmeros outros exemplos que incluem, inclusive, as irmãs Fox, exerceram atividade mediúnica intensa ao longo da preparação do livro básico do Espiritismo e, nem por isto, tiveram qualquer problema. Tornaram-se adultas, casaram e prosseguiram com sua vida normal. Concordaria o professor com aqueles que alegam que esses casos não servem de norma, por serem esporádicos? Acredito que não, pelo que expõe, pela forma racional como trata da questão e porque a história do Espiritismo está repleta de exemplos semelhantes aos citados acima, os quais servem de referência e prova para a questão. Muitas experiências atuais vêm também em apoio desta tese. Há casos de crianças, na fase inicial da adolescência, apresentando condições evidentes de mediunidade em eclosão, a qual, quando não é devidamente amparada, acaba se transformando em problemas psíquicos para a própria criança. Conclusão: é possível equilibrar a mediunidade na adolescência com a prática mediúnica bem orientada. Quando, enfim, o ser alcança a sua fase adulta:

> *É o tempo, nessa fase, dos estudos sérios do Espiritismo e da Mediunidade, bem como da prática mediúnica livre, nos centros e grupos espíritas.* [VII]

O Centro Espírita, como deixa claro o professor, torna-se importante e, não raro, definitivo em termos de orientação da mediunidade. Esta seria uma razão mais do que suficiente para deixar seus dirigentes convencidos da responsabilidade que lhes pesa nos ombros. Deles depende a boa orientação, que conduz o indivíduo ao controle e à prática de seu eventual mediunato, ou a má, que o destina a uma vida de atribulações e sofrimentos e o leva, muitas vezes, a procurar em locais inadequados a solução dos problemas que lhe surgem, quando não vai aos consultórios psiquiátricos, para, na maioria das vezes, de lá sair em piores condições, ainda. Mas, convém observar que:

> *Na verdade, a potencialidade mediúnica nunca permanece letárgica. Pelo contrário, ela se atualiza com mais frequência do que supomos, passa de potência a ato em diversos momentos da vida, através de pressentimentos, previsões de acontecimentos simples, como o encontro de um amigo há muito ausente, percepções extrassensoriais que atribuímos à imaginação ou à lembrança e assim por diante. Vivemos, mediunicamente, entre dois mundos e em relação permanente com entidades espirituais.* [VII]

Tanto para o portador da mediunidade geral quanto para os que trazem o mediunato, a atividade mediúnica não se restringe a trabalhos específicos, onde a relação com os Espíritos se torna o objetivo. Pelo contrário, "vivemos mediunicamente entre dois mundos e em relação permanente com entidades espirituais", afirma com propriedade o professor, retirando, assim, da codificação espírita todo aquele conhecimento que mostra as influências dos Espíritos no mundo dos vivos, e a relação permanente que esse convívio estabelece. Kardec dirá que vivemos rodeados de Espíritos e eles estão presentes em nossa vida muito mais do que imaginamos. Na vida diária, o ato mediúnico se dá na forma de pressentimentos, previsões e toda uma série de acontecimentos que ocorrem ao nível de nossa sensibilidade, cuja causa está nos Espíritos e suas influências. A conquista da mediunidade implica em tê-la naturalmente integrada em nossa vida. Muitos se dizem insensíveis e até reclamam desta insensibilidade, ou seja, do fato de não conseguirem sentir influências espirituais, mas isso não significa faltar-lhes a potência mediúnica. O que de fato lhes falta é o desenvolvimento de uma percepção para os fenômenos que ocorrem diariamente em sua vida. Um pensamento inesperado, um desejo surpreendente, uma vontade repentina e até mesmo uma atitude impensada podem ser o resultado do ato mediúnico concretizado na vida diária. A mediunidade, geral ou ostensiva, não pressupõe o contato apenas com Espíritos de boa índole. Pelo contrário, permite uma relação com personalidades distintas em grau de moralidade, de forma que seus resultados serão sempre conformes com a qualidade da relação. A seleção das relações pode até ocorrer, mas deverá ter por causa a vontade e o comportamento do médium.

Vejamos, agora, como o professor se refere à prática do mediunato.

> *O ato mediúnico é o momento em que o espírito comunicante e o médium se fundem na unidade psicoafetiva da comunicação.* [VII]

A mediunidade ostensiva tem este momento glorioso, de fusão "psicoafetiva" do médium com o Espírito comunicante, formando uma unidade para a comunicação. É o momento em que Kardec ressalta a necessidade de alinhamento das energias, ou seja, harmonização perispiritual para um objetivo a alcançar, segundo uma qualidade especial.

> *Quando o ato mediúnico é assim perfeito e claro, iluminado por uma mediunidade esclarecida e de-*

votada ao bem, não há gigante – como no caso de Lombroso[13] *- que não se curve reverente ante o mistério da vida imortal.* (VII)

O resultado dessa relação, diz o professor, é avassalador, racional, convincente; o mais materialista dos mortais ou o mais presunçoso dos homens não resiste, curvando-se, humilde, à força dos fatos. Porém:

> *Quando o ato mediúnico não tem a pureza e a beleza de uma comunicação amorosa, tem o calor da solidariedade humana e é iluminado pela caridade cristã.* (VII)

Herculano parte do entendimento de que o ato mediúnico pode resultar em benefícios para a humanidade. Seja trazendo esclarecimentos sobre problemas graves da vida, seja consolando, seja, enfim, pelo que oferece de solidariedade e caridade. Contudo, em sua vida diária, na relação com os familiares ou na convivência social, diz ele:

> *O médium deve ser espontâneo, natural, uma criatura humana normal, que não tem motivos para se julgar superior aos outros.* (VII)

O médium geral não corre certos perigos que se dão com o médium ostensivo, portador do mediunato. Este, em virtude dos fenômenos que por seu intermédio se produzem, está sempre pressionado, interior e exteriormente, por sua natureza humana e pelos que o cercam. As facilidades ma-

---

[13] Cesare Lombroso, famoso médico e criminalista italiano, que pôs à prova as suas convicções materialistas quando se viu diante de convincentes experiências mediúnicas e, especialmente, de sua mãe falecida, em sessões com a também famosa médium Eusápia Paladino.

teriais e os subornos intelectuais e, principalmente, morais surgem de vários lados, na forma de ofertas, conselhos e aparentes apreços. Os que suportam essas pressões e se conscientizam de sua realidade humana falível, conseguem superar o meio, comportando-se com a naturalidade de qualquer cidadão. Contudo, prossegue Herculano:

> *A dificuldade maior está em se fazer o médium compreender que, para tanto, não precisa tornar-se santo, mas apenas um homem de bem.* (VII)

O Espiritismo se situa no plano da razão, onde a lógica ensina que a mediunidade é inerente a todos os seres humanos, em sua condição natural. Se parcela dos médiuns ostensivos, ainda hoje, sucumbe ante os atrativos que rondam a mediunidade, há outros que logram compreender, como o quer o professor, a necessidade de manter-se com sua personalidade normal e procurar ser "um homem de bem". Assim o pede, também, o bom ensinamento do mestre.

> *Os médiuns são os elementos principais da ligação do Centro Espírita com a comunidade social do bairro ou da cidade. São mesmo os elos genésicos dessa ligação. Suas faculdades mediúnicas exercem atração natural sobre a comunidade e os serviços que prestam no Centro ou nos atendimentos eventuais, fora dele, ampliam a simpatia popular pelo Centro.* (IX)

O professor mostra a posição importante do médium, em relação ao Centro Espírita e perante a comunidade "do bairro ou da cidade". Isso deve ter por resultado a prestação de serviços para a população. Evidentemente, segundo os melhores princípios da caridade cristã. Cumpre ao médium, porém, estudar e atualizar-se, permanentemente, para poder se tornar um medianeiro eficiente. Neste ponto, é preciso desfazer o preconceito vigente ainda, que faz de certos médiuns criaturas amorfas, passivas, entregues totalmente à condução dos Espíritos, mas sem lhes oferecer uma colaboração efetiva, o mais das vezes por lhes faltar conhecimento. Julgam-se dispensados de estudo e acreditam que os Espíritos suprem suas possíveis deficiências. O estudo é o melhor meio para a compreensão da mediunidade.

> *Sem o exame histórico do problema mediúnico, por exemplo, os estudantes de hoje estarão ameaçados de flutuar no abstrato. Introduzindo-se numa ordem de ideias, sem o conhecimento de suas raízes históricas, arriscam-se a confundir, como fazem os leigos, mediunismo e Espiritismo, ou seja, o processo mediúnico de desenvolvimento espiritual do homem, com o Espiritismo. Arriscam-se, ainda mais, a aturdir-se com fatos mediúnicos rudimentares, considerando-os, por sua aparência extravagante, como novidade.* [(VIII)]

Herculano toma a questão em sua raiz para mostrar que médiuns, dirigentes e frequentadores devem buscar a fonte do conhecimento para entender o processo do desenvolvimento do mediunismo e separá-lo da mediunidade. Afinal, a manifestação dos Espíritos é quase tão antiga quanto a presença do homem na Terra. A história o demonstra. Mas por desconhecer esse processo o indivíduo poderá, segundo Herculano, “aturdir-se com fatos mediúnicos rudimentares”, imaginando que são novos e merecedores de aceitação como sendo doutrinários. Ele mesmo foi testemunha de muitos casos de espíritas pouco versados na Doutrina, que se entusiasmaram com o mediunismo praticado por religiões primitivas e resolveram bandear para o lado delas, na expectativa de serem mais efetivas. O problema propriamente dito não está na opção feita por eles, mas na ignorância do indivíduo em relação à realidade dos fatos. A extensa faixa moral e cultural em que se reúnem os Espíritos possibilita perceber que o Ser no Mundo expressa condições que vão dos selvagens e primitivos aos civilizados a caminho dos planos superiores. É preciso, pois, ter em mente que:

> *As práticas mágicas ou religiosas, baseadas nessas manifestações, constituem o Mediunismo, pois são práticas mediúnicas. A Doutrina Espírita é uma interpretação racional das manifestações mediúnicas. As práticas do chamado sincretismo religioso afro-brasileiro, por exemplo, não são espíritas. O sincretismo religioso é um fenômeno sociológico natural. O Espiritismo é uma doutrina. Os fatos mediúnicos são fatos espíritas, assim chamados pelo próprio Kardec, mas não são Espiritismo. Porque o Espiritismo se serve dos fatos mediúnicos como de uma matéria-prima para a elaboração de seus princípios, ou como de uma força natural que aproveita de maneira racional.* [(VIII)]

Ao fazer a diferenciação entre Espiritismo e mediunismo, referindo-se, inclusive, ao sincretismo religioso afro-brasileiro, o professor não tem por objetivo condenar os que se filiam a essas correntes, muito menos apresentar uma pretensiosa condição de superioridade. Não pode ele, contudo, fugir da realidade que se apresenta diante de seus olhos, que mostra ser o Espiritismo "uma interpretação racional das manifestações mediúnicas". Embora não o diga, é, ainda hoje, a mais completa interpretação. Herculano atinge, ao mesmo tempo, o objetivo de esclarecer o próprio meio espírita, que muitas vezes se apresenta confuso ante o mediunismo e através de líderes equivocados vê-se tentado a misturá-lo com a Doutrina. Confusões tão prejudiciais quanto desnecessárias. A mediunidade, além de ser uma conquista do homem no plano evolutivo, é também onde se localiza o campo de pesquisa da ciência espírita. Os princípios, assim como os fatos mediúnicos, ganharam no seu tempo a comprovação dessa pesquisa. O mediunismo apresenta todo o seu rosário de fatos, que vai do horizonte primitivo e selvagem aos dias atuais. Com sua presença, o Espiritismo os tornou conhecidos e explicados. O estudo do Espiritismo em conjunto com a Sociologia, permitiu entender o sincretismo religioso e sua aceitação em larga faixa da sociedade de hoje. Eis porque o professor coloca o sincretismo como "fenômeno sociológico natural".

> *A diferença entre Mediunismo e Mediunidade está na questão da conscientização do problema mediúnico. Nas religiões primitivas não havia nem podia haver reflexão sobre os fenômenos, seu sentido e natureza. Tudo se resumia na aceitação dos fatos e nas tentativas de sua utilização para finalidades práticas, objetivas. A Mediunidade é o Mediunismo desenvolvido, racionalizado e levado à reflexão religiosa e filosófica às pesquisas científicas necessárias ao esclarecimento dos fenômenos, sua natureza e suas leis.* [VII]

O que antes constituía apenas um fenômeno passa a ser, para o Espiritismo, um ramo do saber em que o conhecimento permite agir e a razão compreender. Para as religiões primitivas, o mediunismo era finalidade em si mesmo; após o advento do Espiritismo, passa a ser fonte do saber racionalizado, servindo não só para o intercâmbio entre os planos visíveis e invisíveis, mas também para pesquisa científica e reflexão filosófica, tornando-se, por aí, caminho para conhecimento da natureza e suas leis.

> *Por outro lado, os espíritas têm uma dívida moral e espiritual para com as religiões negras e mestiças. Quando Luiz Olímpio Telles de Menezes lançou na Bahia o primeiro jornal espírita, "O Eco de Além-túmulo" no século passado, a Revista Espírita*

de Kardec registrou o fato com espanto, por considerar o Império Brasileiro estreitamente ligado à Igreja Católica, como um dos países mais refratários ao Espiritismo, como realmente o era. Mas nesse mesmo instante as práticas de Macumba no Brasil rompiam as barreiras católicas e abriam a brecha necessária para a penetração do Espiritismo em nossa terra. Não podemos esquecer essa contribuição importante de negros e índios para o arejamento do nosso asfixiante clima religioso. [IX]

Imbuído de uma liberdade de análise comprometida com a justiça, Herculano coloca a questão da Umbanda em seus termos verdadeiros. Embora praticantes de uma religião primitiva, os negros escravizados acabaram contribuindo para o "arejamento" do ambiente religioso no Brasil, abrindo caminho para a chegada do Espiritismo. O professor reconhece, pois, a relação do Espiritismo com essas religiões na base de uma dívida moral e espiritual de seus adeptos. O resumo disso pode ser visto da seguinte forma: os espíritas devem às religiões provenientes do mediunismo um grande respeito, compreensão e tolerância, podendo, sem nenhum prejuízo, manter com elas uma relação de cordialidade, mas, reconhecendo sempre que o mediunismo teve sua importância histórica e se apresenta agora esclarecido pelo Espiritismo. O respeito não implica, portanto, em retorno ao passado.

Seria estranho e inexplicável se os espíritas, possuindo essa visão nova do mundo e da vida, resolvessem voltar aos terreiros de macumba. As religiões primitivas são formas superadas de interpretação do mundo. Serviram no seu tempo, conviviam com os bichos e não com as ideias. A religião verdadeira, segundo Pestalozzi, mestre de Kardec, é a Moralidade. [X]

Importa, pois, compreender as questões no seu justo contexto. Aqueles que ainda estão presos culturalmente às religiões primitivas sentem-se de fato atraídos pelas práticas do mediunismo, mas o espírita esclarecido deve utilizar essa "visão nova do mundo" para compreender o problema e não se deixar levar pelos seus naturais apelos.

> *Os dirigentes de centros espíritas precisam tomar conhecimento deste assunto para evitarem a mistura de práticas africanas em suas sedes. Não se pode misturar uma doutrina científica e filosófica com práticas de magia primitiva das selvas. Não se trata de um repúdio ao mediunismo e sua mentalidade mágica, mas de uma questão de método e cultura.* [(IX)]

O ponto central, para o professor, é exatamente este da "mistura de uma doutrina científica e filosófica com práticas de magia primitiva", que precisa ser compreendida. Depois de alcançar o estágio do Espiritismo, não pode o homem retroceder às práticas mediúnicas, assim como às manifestações religiosas, da época primitiva. A evolução não permite retrocesso. Herculano compreende que tudo isto compõe a carga que o homem carrega, a qual é responsável pelas suas idas e vindas em relação à compreensão do novo conhecimento. Os componentes dos horizontes primitivo e selvagem estão presentes na atualidade, pressionando contra o avanço do homem. Mas é ao homem que cumpre lutar para vencer a situação e despojar-se da carga. Por outro lado, vale repetir, não se pode partir para os extremos e desprezar a mediunidade, sob o argumento ingênuo de que os fenômenos não convencem a ninguém. Nem reduzi-la a uns poucos tipos de manifestação, o que significaria a mesma coisa.

> *Quanto à ligação da mediunidade com o corpo, que*

> *muitos espíritas não entenderam, confundindo-a com uma suposta origem orgânica da mediunidade, trata-se de coisa muito diferente disso. A mediunidade está ligada ao corpo pelo espírito que a ele se liga, mas não pertence ao corpo e sim ao perispírito, que enquanto estivermos encarnados faz parte do corpo e permite a ligação do espírito comunicante com o perispírito do médium.* (VII)

Assim como o mediunismo e a mediunidade, há outros problemas a serem resolvidos. E o professor ataca o ponto controvertido da mediunidade orgânica. Coloca ele a questão em termos de origem, para dizer que do ponto de vista orgânico ela não existe. De fato, a conquista da mediunidade tem sua sede no Espírito, que, por sua vez, tem no perispírito um elo fundamental e indispensável. A lógica leva ao entendimento de que a ligação do Espírito com o corpo faz com que o primeiro transmita ao segundo as condições ideais da mediunidade. Assim, a mediunidade "não pertence ao corpo", embora tenha com este relação íntima e dependa dele.

> *As manifestações de espíritos de crianças são naturais, pois todos os espíritos podem manifestar-se. Mas as manifestações desses espíritos em cadeia, formando correntes para trabalhos espirituais não têm sentido. (..) Acontece que os espíritos de crianças não são crianças, mas adultos. (...) A condição infantil corresponde às necessidades evolutivas do corpo material.* (X)

O bom-senso deve imperar quando se trata de Doutrina Espírita. O professor ensina isso mais uma vez, aqui nesta sua interpretação do fenômeno mediúnico. Temos crianças, jovens e idosos na Terra; haveremos de tê-los no outro plano da vida, mesmo que haja condições especiais ali que favoreçam as alterações da aparência formal. O que não é aceitável, por falta de lógica, é a formação de "correntes para trabalhos espirituais" formadas por espíritos de crianças e, menos ainda, a submissão em que se colocam certas pessoas e grupos diante dessas correntes, entendendo que elas são de elevadas condições espirituais.

> *A carteira de identidade dos Espíritos, segundo ensina Kardec, é a linguagem. A experiência comprovou, em todo o mundo, através de mais de um século, a verdade desse ensino. Mas a maioria das pessoas que se interessam pelo Espiritismo parece ignorá-lo, o que abre as portas a muitas mistificações de linguajar pomposo e às vezes até mesmo desrespeitoso.* [(XIII)]

O estudo do Espiritismo previne muitos enganos. Herculano volta-se para isso, chamando a atenção para o fato da linguagem do Espírito manifestante, como quem diz que aí está um ponto chave para melhor avaliação da identidade dos seres invisíveis. As possibilidades de mistificação mediúnica são muitas vezes evidentes, mas muita gente prefere não atentar para isso, acabando por aceitar mensagens ridículas, dadas por Espíritos que se fazem passar por sábios.

> *O médium solitário vive apenas em duas dimensões: a dimensão do espírito comunicante e a sua própria dimensão individual. Falta-lhe a dimensão social, sem a qual não há possibilidade de confronto de suas percepções e captações com a realidade tridimensional do mundo. Mas além disso falta-lhe a dimensão cultural das relações doutrinárias, que lhe abriria as perspectivas do inteligível, uma estrutura de planos e superplanos do entendimento superior e global das situações existenciais.* [(VII)]

Em qualquer setor da Doutrina Espírita, o professor encontra o Ser inserido no Mundo. As tentativas de retirar o médium do contexto social são feitas por pessoas que não compreenderam os objetivos doutrinários. O professor chama a atenção para isso, ao mostrar as quatro dimensões necessárias: a do Espírito comunicante, a dimensão individual, a social e a cultural. Com isso, afirma que a falta de uma delas pode ser suficiente para deixar o trabalho mediúnico comprometido. O médium que valoriza, diz Herculano, apenas a dimensão do Espírito comunicante está comprometido definitivamente pela impossibilidade de confronto "de suas percepções e captações com a realidade tridimensional do mundo"; e mais, pela falta que fazem as "relações doutrinárias", capazes de abrir "as perspectivas do inteligível". De qualquer forma, o médium que se isola do mundo comete um erro fundamental e, ao mesmo tempo, compromete a qualidade de seu trabalho. Pode tornar-se, até, incapaz de fazer avaliações de seu próprio desempenho mediúnico: das mensagens, da identidade dos Espíritos etc.

> *As relações sociais no Espiritismo, em campo aberto, têm por finalidade o apoio recíproco de médiuns, estudiosos e pesquisadores dos fenômenos mediúnicos, para troca de ideias e de experiências, de maneira a facultar o desenvolvimento de uma cultura espiritual desligada das superstições do passado obscurantista, em que o isolamento orgulhoso das Igrejas em relação ao avanço científico separou a cultura religiosa da cultura geral* [VII]

O professor consegue ser mais explícito e convincente ainda, nas explicações sobre as relações sociais no Espiritismo, mas não deixa de lembrar que precisam ser desenvolvidas em "campo aberto". Duas são as suas finalidades básicas: desenvolver uma cultura espiritual livre das superstições e permutar ideias e experiências. Importante lembrar que Herculano, acusado de anti-unificacionista, mostra de maneira cabal que pensava e agia contrariamente a isto. Ou seja, é efetivamente a favor da união para troca de ideias e experiências, sem os cerceamentos que os cultores do chamado movimento unificacionista costumam estabelecer, seja com normas burocráticas, seja através de ações sub-reptícias, seja, enfim, por meio de comportamentos ortodoxos, que impedem o desenvolvimento livre das relações entre os homens. Daí porque luta pela "cultura espiritual desligada das superstições do passado obscurantista", que se mostram muito firmes na mentalidade de alguns. O que fica também claro é o seu entendimento de que o "isolamento das Igrejas" determinou a separação da "cultura religiosa da cultura geral". Mas há, também aí, embutido, o entendimento de que, para grande parte dos que procuram o Espiritismo, esta doutrina e a deles, geralmente católica, têm profunda identidade igrejeira, o que não é verdadeiro. A causa disso estaria, portanto, na bagagem cultural que o ser carrega desde o "passado obscurantista".

SESSÕES ESPÍRITAS

> *Não há regras específicas e formais para a realização das sessões espíritas. Entre a prece de abertura e a de encerramento desenvolvem-se as manifestações mediúnicas, sob a orientação e muitas vezes a interferência de espíritos dirigentes.* [(VII)]

A ideia básica do professor, aí, é chamar a atenção para o fato de que os denominados "modelos rígidos de reuniões" afrontam o bom-senso. Há uma tendência muito forte, por parte de algumas lideranças espíritas, de formular modelos de atividades, na intenção ingênua de facilitar os dirigentes de Centros. Desconhecem eles, certamente, que a Doutrina Espírita é interpretativa e que este fator impede a troca de modelos prontos e acabados. Em reforço da ideia da interpretação doutrinária livre vem o sentido evolutivo do Espiritismo. Além disso, é a interpretação que confere o entendimento do assunto. Tanto faz que num Centro Espírita as reuniões públicas comecem pela prece, passem pela palestra e terminem no diálogo, ou que algumas das partes sejam invertidas.

Cada casa tem a liberdade de formatar suas atividades segundo a cultura vigente. Mas, também, arremata o professor, deve levar em consideração as possibilidades de aperfeiçoamento oferecidas pelos "espíritos dirigentes", o que não deve ser confundido com interferências indevidas ou imposições vindas do plano espiritual, o que, se confirmado, se constituiria em fato condenável e denotador da imperfeição dos Espíritos.

CONCENTRAÇÃO MEDIÚNICA

> *O problema da concentração mental é também um dos menos compreendidos. A concentração dos pensamentos numa reunião mediúnica não corresponde ao tipo de concentração individual de uma pessoa num determinado problema a resolver ou num estudo a fazer. Trata-se de uma concentração coletiva de pensamentos voltados para um mesmo alvo. Quando todos pensam em Deus ou Jesus, todos os pensamentos se concentram numa só ideia. A palavra concentração sugere um esforço mental contínuo para se manter o pensamento fixado numa imagem.* [VII]

Como se vê, os detalhes que envolvem a questão mediúnica, palmilhando a estrada do bom-senso, também interessam a Herculano. A concentração é um ato necessário à relação mediúnica, especialmente quando de caráter ostensivo. Viu-se, em muitas ocasiões, os participantes de reuniões serem convocados à concentração e assumirem uma postura de dúvida, quando não imaginavam que para concentrar seria preciso algo como o esvaziamento da mente. Seria, então, a concentração, o ato de não pensar em nada. Mostra, Herculano, que a concentração em reunião mediúnica é um ato coletivo, que deve ter um alvo para facilitar a formação do ambiente e a manifestação dos Espíritos. Em alguns centros espíritas, os dirigentes tentaram resolver a questão introduzindo cantorias, especialmente durante sessões de efeitos físicos. A emenda ficou pior do que o soneto. As cantorias se estenderam a outras reuniões e assumiram aspecto religioso, devocional. Uma das intenções com o ato da concentração é, sem dúvida, manter o pensamento dos participantes retidos no local, evitando sua dispersão, o que traria prejuízos para as relações mediúnicas. No caso específico do médium, cuja concentração facilita a relação psicoafetiva com o Espírito, a experiência tende a fornecer o melhor entendimento da questão. De qualquer maneira é importante perceber que o ato de concentrar exige um esforço, tanto maior quanto mais dificuldade tiver o indivíduo de voltar sua atenção para um alvo estabelecido.

A VIDÊNCIA MERECE CUIDADOS

> *A vidência, como todas as formas de mediunidade, pode ocorrer ocasionalmente a qualquer pessoa, mas a sua ação permanente, nos casos de mediunato, pode bloquear a razão e excitar o misticismo. Nestes casos o místico está sujeito a enganos fatais.* (VII)

O alerta do professor tem por objetivo estabelecer um equilíbrio racional de forma a permitir que se exerça a mediunidade dentro dos limites de controle estabelecidos pelo Codificador. É verdade que, a título de disciplina mediúnica, muitos coíbem o uso de certas especialidades mediúnicas, entre as quais está a vidência, simplesmente proibindo sua manifestação, mas não é a isso que o professor deseja levar. O seu objetivo é mostrar o perigo que constitui acreditar pura e simplesmente em tudo o que se observa através da vidência, sem uma análise racional, o que é comum acontecer com os místicos.

> *É, pois, uma temeridade confiar-se na vidência para estabelecer novos princípios ou sistemas de prática espírita.* [VII]

A vaidade humana tem sido fator decisivo para a introdução de práticas no meio espírita, às quais não tem a Doutrina ligação direta. Uma delas, a Cromoterapia, além de intrusa tem sido praticada em alguns centros espíritas aliada à vidência, e esta se constituindo em fator fundamental para o diagnóstico da doença e a definição do tratamento a ser seguido. Vê-se, portanto, aí dois sérios problemas altamente comprometedores.

REFLETINDO SOBRE A MEDIUNIDADE NOS ANIMAIS.

> *O problema da mediunidade animal apareceu no tempo de Kardec e foi objeto de estudos e debates na Sociedade Parisiense de Estudos Espíritas. Tanto os Espíritos quanto Kardec e a Sociedade consideraram o assunto como sem fundamento. Os animais são os nossos irmãos mais próximos na escala ontológica. Não só Darwin, como Roussel Wallace, antropólogo espírita, consideraram o animal como o último elo da cadeia evolutiva que se encerra no homem. Depois da Humanidade inicia-se um novo ciclo de evolução com a Angelitude. O Anjo é o homem-espiritual, último produto da evolução ôntica da Terra, que no Judaísmo, no Cristianismo e no Islamismo é representado com asas e aura lumino-*

> *sa. Não há descontinuidade na evolução. Tudo se encadeia no Universo, como acentuou Kardec.* (VII)

O professor é aqui claro quanto incisivo: a mediunidade animal foi considerada pelo codificador e outros estudiosos; foi, também, analisada pelos Espíritos e a conclusão é de que os animais não podem ser intermediários de Espíritos, não cabendo considerá-los médiuns. Sabe-se que mediunidade só existe quando existe Espírito comunicante. A impossibilidade de utilizá-los para estabelecer qualquer tipo de comunicação com os homens significa impedimento definitivo para a existência da mediunidade nos animais. Infelizmente, alguns estudiosos, junto a vários espíritas sentimentais, por razões particulares insistem em tentar fazer crer na mediunidade animal, estabelecendo confusões em lugar de esclarecer o assunto. Os espíritas estudiosos entendem as informações sobre o assunto dadas pelos Espíritos Superiores e referendadas por Kardec, deixando claro que pode haver entre os animais fenômenos psíquicos, mas não mediúnicos.

> *A distância entre o animal e o homem, segundo Kardec, pode ser comparada à distância entre o homem e Deus.* (VII)

Mesmo entre os espíritas existem aqueles que desejam atribuir aos animais uma importância maior do que realmente têm, não raro por questões sentimentais que resultam de suas ligações pessoais com os bichinhos. Podemos e devemos ter bons sentimentos para com os animais, mas não podemos nos enganar em relação à distância em que se encontram da evolução do homem. Do fato de possuírem um princípio espiritual em evolução e mesmo considerando que eles são o elo mais próximo do homem, não se pode concluir que estejam próximos do Espírito que hoje somos.

A Doutrina chega a afirmar, inclusive, que a passagem de um princípio espiritual da escala inferior para a hominal sequer se realiza na Terra, o que, de certa forma, fortalece a assertiva de Kardec, aqui destacada por Herculano, de que a distância entre o homem e o animal é imensa.

> *Hoje não se fala mais em médiuns inertes, mas ainda se insiste no engano da mediunidade animal.* (VII)

É preciso, portanto, sepultar o assunto, mesmo que isso represente um certo desconforto psicológico, uma vez que não merece uma discussão interminável.

OS ELEMENTAIS

> *Doutrinas de elevado teor cultural, como a Teosofia de Olcot e Blavatsky e religiões mágicas, primitivas, como as do sincretismo religioso afro-brasileiro dão grande ênfase a esse campo de manifestações primárias, que só pode ser pesquisado através da vidência. Como esse meio de pesquisa é sujeito a muitas imprecisões e interpretações errôneas, o Espiritismo se interessa mais pelas manifestações de espíritos adultos, pois nestes encontra mais segurança e possibilidades de confirmação dos fatos, bem como maior proveito para a humanidade, que representa uma fase decisiva da evolução dos seres.* (X)

O raciocínio do professor encontra na lógica do problema da vidência a solução para a questão dos elementais, entre os quais podemos, também, colocar os gnomos. Não há prova científica de sua existência, o que é de suma importância e a pesquisa neste campo, sendo feita através da vidência, pede muita prudência. Houvesse o fenômeno sido comprovado por outros meios, a vidência poderia ser para a existência dos elementais um referendo, mas não pode ela ser o único meio utilizado para comprovação.

KARDEC, MÉDIUM GERAL

> *Para se compreender melhor a razão pela qual Kardec não teve um mediunato, basta lembrar o caso de Swedenborg, na Suécia, e de Andrew Jakson Davis, nos Estados Unidos. O primeiro era um dos maiores sábios do século XVIII, amigo de Kant e foi um precursor do Espiritismo. Mas, dotado de extraordinária vidência, perdeu-se nas próprias visões, fascinado pela realidade invisível, e acabou criando uma seita eivada de absurdos. O segundo era também vidente e lançou uma série de livros em que o fantástico supera as possibilidades do real. Kardec pôde realizar seu trabalho com firmeza porque não quis ser mais do que homem, como dizia Descartes, permanecendo com os pés no chão e examinando todas as manifestações espirituais com o mais rigoroso critério científico.* [(VII)]

Não sendo médium ostensivo, Kardec foi, como qualquer pessoa, um médium na generalidade e, assim, pôde realizar grande parte de seu trabalho sob a supervisão dos Espíritos, que o inspiraram e levaram, portanto, a escrever, rever e corrigir muitas informações, antes de dá-las à publicação. Dispondo apenas dessa forma de mediunidade, contou com a proteção natural contra os possíveis desvios que uma mediunidade ostensiva apresenta, especialmente em casos de grandes missões, a que Herculano classifica de mediunato.

CURAS E OBSESSÃO

> *No centro espírita, o problema das curas não pode restringir-se a tentativas ocasionais ou aleatórias.* (IX)

O que seriam tentativas ocasionais ou aleatórias, para o professor? O cerne da questão poderia estar no termo "tentativas". Mas o bom-senso nos leva a pensar mais adiante, para ver outros detalhes da questão. Herculano está, de fato, preocupado com o Ser no Mundo e, portanto, enquadrando-o nas largas faixas de orientação que o Espiritismo oferece. O Ser e o Mundo guardam, entre si, uma relação profunda; o primeiro é visto na sua condição cósmica e o segundo na sua condição de lugar da evolução, conquanto ele próprio também evolua. As vistas do pensador se voltam, portanto, para a unidade que o Universo e o Ser constituem. Desse ponto de vista, "tentativas ocasionais ou aleatórias" compreendem, acima de tudo, a ausência de uma ação integrada, que leva em consideração o homem total, ou o Ser e o Universo. Poder-se-ia dizer, com segurança: não basta curar o mal físico; é preciso encarar o Espírito e o Mundo, oferecendo-lhes as condições necessárias de equilíbrio. Assim, o professor vai abordar a questão do ponto de vista da Medicina Espírita, afirmando:

> *A Medicina Espírita é um processo em desenvolvimento. Começou com Kardec e o Dr. Demeure, em Paris, na segunda metade do século passado.* (VII)

Para alguns, Herculano pode parecer pretensioso, ao falar de Medicina Espírita. Mas é preciso dar-lhe razão, especialmente quando analisamos o desenvolvimento do seu raciocínio. Desde já, contudo, destaque-se a sua afirmação de que esta medicina é um "processo em desenvolvimento", portanto, não acabado, ao qual há de ser acrescido todo novo conhecimento e do qual os homens podem retirar ensinamentos importantes. Prossegue:

> *A Medicina Espírita é uma decorrência natural da natureza e das finalidades do Espiritismo.* (VII)

É como se o professor dissesse: não se pode estudar o Espiritismo sem perceber que a doutrina conduz, naturalmente, à visão do homem integral, das causas e efeitos de tudo que o envolve, e dos princípios que levam a orientá-lo ao progresso, o que implica desvendar seus males e curá-los. Como reforço, dirá:

> *Medicina Espírita não é uma aplicação pura e simples da mediunidade curadora a casos de doenças incuráveis, nem uma forma de curandeirismo. É o que Kardec chamava uma aplicação dos princípios espíritas no plano cultural.* [VII]

O pensamento aparece aí com todo o seu conteúdo, clareza e lógica. O ato de curar um mal físico ou espiritual pode parecer importante e o é, de fato. Mas o Espiritismo não se limita a ações pontuais, apenas. É preciso considerar com atenção a "aplicação dos princípios espíritas no plano cultural". Isso, por si só, já explica que o Espiritismo não tende a fazer concorrência com os profissionais da Medicina, nem ofuscar-lhes o trabalho. Pretende ser, isto sim, um auxiliar dos profissionais sérios no plano da consciência; e pretende, ainda, ocupar o espaço que de direito tem, no campo da cultura para tornar os homens agentes de seu equilíbrio orgânico-psíquico.

Equivaleria dizer: a Medicina, sem o Espiritismo, é impotente para conter e solucionar todos os problemas de saúde; o Espiritismo sem a Medicina fica enfraquecido diante da realidade atual do mundo. Mas o Espiritismo tem um objetivo a cumprir e esse objetivo toca de perto todos os problemas humanos, inclusive o da saúde. E mais, a Medicina Espírita não pode ser vista, por tudo isso, apenas e tão somente como uma decorrência da mediunidade curadora, que é pontual e atua em situações objetivas. Além do mais, enfatiza Herculano:

> *Curar e educar são funções conjugadas do homem na luta pela sua transcendência.* (X)

Ora, o Espiritismo busca a transcendência do Ser e, portanto, incorpora as funções educativas e curadoras. Seria erro imaginar que o Espiritismo buscou o campo da cura para se promover ou para fazer frente aos seus opositores. Absolutamente! A sua doutrina, abrangente, dispõe de instrumentos para ambas as funções, de modo que lhe resta fazer uso desses instrumentos, sob pena de ver reduzido o seu campo de abrangência. Para o professor, o preparo do homem integral começa em casa:

> *A terapia espírita não terá eficácia se não pudermos aplicá-la a nós mesmos e ao nosso movimento doutrinário. Sem uma base de convicção firme e de lealdade à obra de Kardec não poderemos curar-nos a nós mesmos, quanto mais aos outros.* (X)

O Centro Espírita surge, assim, como o *point* importante da aplicação da terapia espírita. E, lógico, da mesma terapia que oferece ao homem, deve retirar os ingredientes para uso, no plano individual dos dirigentes e trabalhadores e, no plano coletivo, do movimento espírita. Pode parecer uma metáfora a aplicação da terapia espírita ao movimento; observe-se, contudo, que o professor é aí sábio, porque os princípios que vão formar a base cultural do homem, e portanto torná-lo equilibrado, são os mesmos de que devem se servir os que compõem o movimento espírita, para tornar esse movimento coerente com os princípios que defende. O professor, contudo, refere-se à "convicção firme" e à "fidelidade à obra de Kardec". Uma complementa a outra. Não se sinta o aluno agredido com a severidade do professor. Muita gente boa entende ter sua convicção doutrinária extremamente firme, de tal forma que toma como ofensa qualquer referência que levante dúvidas sobre ela. Essa reação costuma ser a prova da fraqueza dessa convicção. Naqueles em que ela de fato se encontra enraizada, não será qualquer brisa de primavera que irá balançá-la. Note, contudo, o pensamento do professor: refere-se ele ao conhecimento racional do Espiritismo quando indica a convicção; diz da fé raciocinada, que explica o Universo e o Ser; remete-se ao entendimento dos objetivos do Espiritismo. Enfim, espera que junte-se à convicção uma irredutível fidelidade ao Codificador, fidelidade que ele, professor, exemplifica em seu postulado de educador, consciente de que toda a bagagem cultural que adquiriu, verdadeiramente extensa, não é contudo suficiente para desejar superar o mestre Kardec. E almeja, pois, que esse exemplo sirva ao aluno.

> *A terapêutica espírita se funda na concepção do Universo como estrutura unitária e infinita. Tudo se encadeia no Universo, como ensina Kardec. Dessa maneira, há uma constante relação de todas as coisas e todos os seres no Universo. Essa estrutura inimaginável encerra tudo em si mesma e por isso todos os recursos de que necessita estão nela mesma.* [(X)]

Eis o que o Espiritismo faz: conhecer o Universo, descobrir o encadeamento das coisas e daí retirar o que é preciso para o equilíbrio do Ser e, por consequência, da sociedade. Abaixo o milagre, as fantasias; salve a Razão e o conhecimento. Caminha o homem para o momento em que se torna causa de seus males e agente da cura deles. Como o Universo, a Doutrina Espírita tem uma "estrutura unitária e infinita". O conhecimento do encadeamento do Universo é que permite ao Espiritismo desenvolver uma terapêutica eficaz e alcançar resultados que surpreendem à medicina e à educação. O Centro Espírita tem o dever de procurar, no encadeamento dos seus serviços à coletividade, inter-relacionar os seus setores para que haja aí, também, a síntese da doutrina que pratica. Com isso, vai entender que a terapêutica espírita consegue eficácia indiscutível quando o dirigente desenvolve e emprega uma visão científica do Espiritismo, que outra não é senão esta que abarca o encadeamento do Universo, no qual é o Ser uma de suas partes fundamentais. Todos os recursos para os serviços precisam estar disponíveis na estrutura do Centro Espírita, que deve ser, assim, a síntese da Doutrina Espírita.

> *A cura espírita não se efetua, por mais dedicados que sejamos ao Espiritismo, por mais abnegados no tocante ao próximo, se a doença ou deficiência que sofremos for em si mesma o remédio de que de fato precisamos.* [(IX)]

A convicção firme é responsável pelo entendimento, segundo o professor, das condições que cercam o processo assistencial do Centro Espírita. A visão macro do Universo fornece as bases para a compreensão dos resultados possíveis numa atividade curativa. Da mesma forma que as condições se juntam para favorecer a cura, elas também se mantêm dispersas impedindo essa mesma cura. Quando, pois, não se obtém o resultado desejado, não significa simplesmente o império do mérito ou do demérito, mas ausência de condições para obtê-lo. Aquilo que parece solução aos olhos humanos poderá ser mera falta de condições para se juntar os fatores necessários, aos olhos do Universo, ou seja, das leis que governam a vida. A doença tem seu ciclo normal, durante o qual provoca reações no Espírito e repercute na sociedade. Quando este ciclo se completa, está ela em condições de ser eliminada; quando não, passa a figurar como o remédio a continuar a ser aplicado. Para que o aluno possa compreender bem essa questão, o professor formula um quadro com alguns princípios que devem ser observados na terapêutica espírita:

1. *A cura das doenças depende da ação natural das energias conjugadas do homem e da Terra.*
2. *A renovação de energias depende da ação conjugada dos espíritos terapeutas com o médium curador.*
3. *A eficácia do passe depende da boa vontade do médium.*
4. *A ação curadora dos espíritos não é mágica nem milagrosa.*
5. *Nos casos de cura à distância, sem a presença do médium, a eficácia depende das condições psicofísicas do doente... em conjugação com as energias espirituais dos espíritos terapeutas.*
6. *As chamadas operações espirituais (hoje paranormais) podem realizar-se por intervenção do médium, dominado pelo espírito que dele se serve por influenciação mediúnica no transe hipnótico.*[(X)]

Tem o professor em mente fazer refletir com bom-senso sobre questões que imperam nas atividades assistenciais do Centro Espírita, as quais, por via da ignorância, têm levado à criação de lugares-comuns, respostas prontas, sínteses mal elaboradas, que dificultam a compreensão humana em lugar de auxiliá-la. Mas o professor deixa nas entrelinhas margem para o combate a certas atitudes preconceituosas, que resultam do estudo incompleto, especialmente no campo da fenomenologia mediúnica. Herculano foi um exemplo também nesse terreno, ao estudar a mediunidade sem nenhum tipo de constrangimento ou de obstáculo proveniente de sua carga cultural anterior. Enquanto muitos preferiram se indispor com os fenômenos que pareciam extravagantes, o professor mergulhou no seu estudo e compreendeu o valor e a independência dos Espíritos em relação ao homem e sua mania de impor condições para aceitação dos fatos[14]. O professor sempre entendeu que os fatos estão acima dos homens e das teorias que estes querem aplicar à sua interpretação. O campo da cura é o setor da mediunidade onde estas situações mais ocorrem, devido às características mesmas do fato. Jesus surpreendeu com seus recursos de cura e carreou contra si o furor daqueles que não compreenderam o seu procedimento; mas não se vergou ante os mesmos. Herculano procedeu segundo esse exemplo, que viu elevado à potência maior em Kardec. Daí o seu empenho em fazer com que as lideranças espíritas entendam a necessidade da prática mediúnica no Centro Espírita, fiel ao conhecimento kardeciano e desprovida dos preconceitos que costumam anular os seus melhores resultados. Vemo-lo, assim, descendo aos detalhes aparentemente desnecessários, mas importantes para evitar confusões e evitar, também, o simplismo das sínteses.

> *Fala-se muito em méritos e recompensas, mas não se trata disso na questão das curas. A questão de méritos é nossa e como somos sempre demasiado generosos em nosso autojulgamento, ao receber uma cura nos consideramos premiados. Para Deus, e portanto, para os Espíritos Superiores, a doença é cura de nossas imperfeições e a cura é que nos predispõe para as provas que ainda teremos de enfrentar.* [(IX)]

O mérito é um dentre os muito lugares-comuns estabelecidos no meio espírita, generalizando-se como resposta para aqueles males cujo fim foi alcançado. E passou a ser

[14] Leia-se, a esse respeito, o livro *Arigó, vida, martírio e mediunidade*, em que Herculano estuda e defende aquele que foi um dos maiores fenômenos mediúnicos brasileiros, no campo da cura.

explicação para os que não se obtém. Trata-se, para o professor, de uma conclusão apressada da explicação dos Espíritos sobre méritos e recompensas. A palavra mérito não é a que melhor se encaixa quando se pensa em termos de conjugação de fatores que permitem a cura; assim como a palavra demérito também não é a ideal para a explicação dos fatos quando esses fatores permanecem dispersos e a cura não ocorre. O ponto verdadeiramente ideal do mérito aparece quando o termo conduz o ser a compreender que, ao empregar uma série de ações positivas, contribui para a conjugação desses fatores, valendo o mesmo para o contrário, com o demérito. Dentro do processo de condução do Ser ao seu aperfeiçoamento, a natureza emprega ações que o Ser denomina males, doenças, porque se refletem nele pelo sofrimento físico ou moral. No entanto, vista pelo ângulo do caminho para o progresso, a doença passa a ser o agente da melhoria, portanto, da cura do Ser em seus estados desequilibrados. O professor anota que os Espíritos Superiores não olham para o homem com a piedade simplista, que os levariam a tentar eliminar todas as dores; pelo contrário, veem-nos com os olhos da sabedoria, termo que no Espiritismo sintetiza conhecimento e razão, não se intrometendo nos processos naturais, embora para nós dolorosos, quando necessários ao nosso progresso.

> *As manifestações de espíritos de negros e índios são comuns, não raro intervindo nos processos de cura. Isso causa espécie a pessoas ainda impregnadas de antigos preconceitos. "Como podem esses espíritos primários ainda apegados à era do barro – dizia--nos famoso jornalista – manifestarem-se como orientadores e terapeutas num meio de civilização superior?" Acontece que a população espiritual da Terra é semelhante à sua população encarnada. Não existem discriminações injustas no tocante às possibilidades de intercâmbio espiritual. O que vale*

> *no espírito não é sua qualificação social mas a sua condição moral. O processo da reencarnação elimina os motivos dos preconceitos terrenos. Um negro velho, que se manifesta como tal poderia também manifestar-se apenas como espírito ou até mesmo como espírito de uma encarnação de amarelo ou de branco por que já passara.* (X)

Bem o disse Kardec, o mestre, certa vez: o preconceito é um dos maiores entraves ao progresso humano. De fato, por preconceito, tentou-se e ainda se tenta eliminar das mesas mediúnicas a presença de Espíritos de negros e índios. O professor, arguto, faz ver que esse mesmo comportamento não se apresenta quando se trata de um branco ou amarelo que se manifesta. O fato, perfeitamente explicado por Herculano, tem sido a razão para a cura de muitos males, como também o demonstrou André Luiz, em suas obras psicografadas por Chico Xavier. Apesar de tudo, esse preconceito é ainda forte em muitos lugares, a ponto de levar dirigentes a proibirem terminantemente aos médiuns receberem tais Espíritos.

> *A parte mais importante e necessária das atividades mediúnicas, mormente em nossos dias, é precisamente a da prática doutrinária da desobsessão. Trabalhar nesse setor é dever constante dos médiuns esclarecidos e dedicados ao bem do próximo. O estado de confusão a que chegou a Psicoterapêutica em nossos dias, e particularmente a Psiquiatria exige redobrado esforço dos centros no trabalho de doutrinação e de desobsessão.* (IX)

A obsessão é um processo doentio da alma. A desobsessão é o seu contraponto, o seu remédio. A desobsessão se enquadra na mediunidade de cura. O professor destaca a sua importância, chamando a atenção dos centros espíritas para a necessidade de oferecer esse serviço à população. E mostra que sua importância cresce na medida em que aumenta "o estado de confusão" das terapêuticas psicológicas, especialmente a Psiquiatria. Pode-se ver em Herculano um esforço grande para demonstrar que o Centro Espírita se constitui, na atualidade, no principal e, não raro, único local capaz de amparar os doentes psicológicos obsidiados. Mas, se o dirigente não entender essa importância não terá o doente onde buscar auxílio. As doenças psicológicas são ainda o maior desafio para a ciência, que a elas chegará, sem dúvida, mas por caminhos outros e indiretos, uma vez que se dedica a resolver primeiro as doenças do corpo. Este será, portanto, o último reduto que a ciência de fato vai penetrar um dia, dentro do quadro dos desafios da natureza.

> *Numa sessão de desobsessão para casos graves, com poucos elementos, sem a assistência numerosa do socorro geral, as comunicações são violentas, os médiuns sofrem, gemem, gritam e choram. O dirigente e os doutrinadores permanecem tranquilos, aparentemente impassíveis e os doutrinadores usam de palavras persuasivas, de atitudes benignas. Nada de ameaças e exprobrações violentas, como nas práticas antiquadas do exorcismo arcaico; vindo das profundezas do Egito, da Mesopotâmia, da Palestina.* [VII]

A atividade mediúnica, sem preconceitos, tende a trazer benefícios para ambos os lados da vida. Muita gente – percebeu Herculano – desenvolveu reações não condizentes com a realidade dos Espíritos e, mediante visão acanhada do comportamento deles, passou a determinar condutas para os médiuns que se traduziram em obstáculo ao seu desenvolvimento. É normal acontecer de Espíritos muito apegados à Terra conduzirem os médiuns a atitudes violentas e reações de gemidos, choro e gritos numa sessão de desobsessão. Qual é o melhor comportamento, neste caso, dos dirigentes e doutrinadores? Condenarem o médium? Exigirem dele silêncio e educação formal? Proibirem-no de dar passividade? Não, absolutamente! Pode haver, de fato, um controle exercido conscientemente pelo médium, direcionando a manifestação aos limites do tolerável, ou seja, não é preciso que o Espírito leve o médium a comportamento extravagante, típico do mediunismo primitivo. Mas é preciso compreender que em casos de obsessão grave (como o são os de subjugação, fascinação e possessão) exigir uma manifestação tranquila é não perceber a realidade do Espírito obsessor bem como a realidade do médium como seu intérprete. O professor fala, portanto, em comportamento tranquilo dos dirigentes e doutrinadores diante desses casos, chamando a atenção para a ação persuasiva que o doutrinador deve exercer, especialmente por compreender que está diante de um ser humano.

> *A experiência espírita confirma o acerto do atendimento terreno, demonstrando cientificamente que espíritos desencarnados, mas ainda muito apegados às condições da vida material, precisam de assistência mediúnica para se livrarem desse apego.* (IX)

Herculano se refere tanto à prática da doutrinação, que mais não é do que esclarecimento aos Espíritos atrasados, quanto à desobsessão, onde se tem oportunidade de resolver problemas de influência negativa nas ligações entre encarnados e desencarnados. Esta posição visa combater as falsas interpretações, também preconceituosas, de que a doutrinação realizada por encarnados não tem efeito sobre os Espíritos. Trata-se de uma ideia errônea, que se torna ainda mais absurda quando amparadas por argumentos segundo os quais esse trabalho fica melhor para os Espíritos Superiores. Os exemplos de resultados positivos da doutrinação se multiplicam ao extremo. André Luiz, por exemplo, mostra como a ação de um encarnado, em trabalho dessa natureza, costuma abreviar os sofrimentos de Espíritos "apegados às condições de vida material", levando-os à libertação de seus estados psicológicos. Tudo porque esses Espíritos se acham mais próximos dos encarnados que dos Espíritos Superiores em suas condições psicológicas e energéticas, sendo-lhes mais fácil perceber sua situação quando em contato com os humanos encarnados.

CENTROS, FEDERATIVAS E MOVIMENTO ESPÍRITA

Em se tratando de instituições, no movimento espírita, o professor assume a postura de quem percebe o grave dilema dos homens ante o poder. Essa postura vai lhe render anos de combate e solidão, sob o prejuízo de uma imagem que dele vão difundir, que não corresponde à sua grandeza. O dilema existe! Os homens deverão resolvê-lo. O processo será longo, contudo.

> *As grandes instituições espíritas brasileiras e as federações estaduais investem-se por vontade própria de autoridade que não possuem nem podem possuir; marcadas que estão por desvios doutrinários graves.* (IX)

Herculano parte de uma análise histórica para entender a realidade do movimento espírita. A maioria das instituições federativas surgiram de ações de homens isolados de seus centros, que se juntaram e decidiram que poderiam fazer funcionar uma instituição capaz de orientar os centros espíritas e o movimento como um todo. O professor não aceita essa "autoridade", não porque não faça parte das instituições, como maldosamente chegou-se a insinuar um dia, mas, precisamente porque entendeu os princípios de liberdade que emanam da Doutrina Espírita, incompatíveis com essa autoridade. O Espiritismo, mais do que qualquer outra doutrina, mostra que as instituições humanas são absolutamente falhas. No caso das federativas, Herculano notou, como de resto notará o observador atento, seus "desvios doutrinários" graves, que lhe maculam a existência. A questão é moral! E abrange outros aspectos igualmente importantes. O começo já se tornou discutível: homens decidindo, segundo suas concepções, o que é e o que não é bom para o movimento. E retiraram da fornalha do passado as cinzas da herança divina, na tentativa de justificar o mando, por serem incapazes de aplicarem o princípio da "superioridade moral irresistível". A carga cultural, neste ponto – entende o professor – é altamente abrasiva. Corrói os princípios legítimos de liberdade para permitir a ocupação do espaço doutrinário por comportamentos intencionais de dominação. Vejamos o seu raciocínio:

> *Cabe às instituições a representação da Doutrina no plano social. As práticas religiosas do Espiritismo levam o povo a considerá-lo como simplesmente uma religião, enquadrando-o nas exigências formais do sistema igrejeiro. Uma Federação é uma espécie de catedral e um Centro Espírita é uma igreja. Consequentemente, são lugares sagrados em que pontificam os expoentes da religião e de onde flui a Doutrina pura e sem mácula. Os médiuns são geralmente considerados como os sacerdotes do culto espírita e muitos deles se convencem disso com muito entusiasmo. Disso resulta um clima de submissão sagrada dos médiuns e dos Centros e grupos às Federações Espíritas, violando os princípios doutrinários de liberdade e autodeterminação, sem o qual não existiria a responsabilidade própria das instituições menores. As entidades federativas são as primeiras a se convencerem disso e passam*

a dominar o meio doutrinário. A falibilidade dos homens pode levar uma Federação a cometer deslizes doutrinários graves ou a endossar mistificações evidentes que, sob o prestígio federativo, inundam o meio espírita, radicam-se nele e produzem sérias lesões na estrutura equilibrada e lógica da doutrina, deformando-a a ponto de torná-la ridícula. As relações mediúnicas entre a entidade federativa, os centros e grupos, e os próprios médiuns que nela trabalham ficam naturalmente abaladas. Cabe aos médiuns a função de restabelecer o equilíbrio, através das manifestações dos espíritos orientadores. Mas o clima estabelecido, sendo conflitivo, cria barreiras ao dever de espíritos e médiuns. Qualquer manifestação mediúnica discordante da orientação federativa é considerada como mistificação. [VII]

Toda a argumentação do professor se dá em cima dos fatos. Dir-se-ia ser ele contra a Unificação tão procurada. Viu-se, contudo, como ele valoriza a troca de experiências, em linhas anteriores, destacando a mediocridade, por exemplo, do médium isolado. Não fala, pois, por conta de sentimentos contrários à lógica e ao bom-senso. E por causa mesmo do bom-senso, não abre mão da "liberdade e autodeterminação" dos pequenos e grandes grupos espíritas, por ver aí a única maneira de seus líderes e trabalhadores alcançarem um grau de responsabilidade inerente às suas atribuições. A unificação, para Herculano, só pode dar-se ao nível do respeito à liberdade e para fins de troca de experiências. Sabe ele que qualquer outro sentimento, especialmente o de supremacia de uma instituição sobre outra, implica em perda de respeito e perda de liberdade. Além disso, permite reviver comportamentos que se mostraram altamente nocivos no passado. As Federativas, para o professor, não compreenderam, ainda, o papel que lhes cabe e a forma como devem agir; deveriam ser, simplesmente, entidades auxiliares da difusão doutrinária e facilitadoras do intercâmbio de experiências. Mas não se contentam elas com isso. Extrapolando esse limite, acabam por contribuir para uma visão social deformada do Espiritismo, seja porque cometem ou endossam equívocos doutrinários, seja porque o sentido de poder as domina.

> *O Centro Espírita se entranha naturalmente na comunidade, é parte dela, um órgão ativo e operante da estrutura social.* (IX)

É importante destacar o aspecto social do Centro Espírita na constituição do movimento, das instituições federativas e da própria imagem do Espiritismo. A visão de uma religião formal, como a que é estabelecida pela sociedade em relação ao centro e federativas, desempenha papel contrário à difusão de uma consciência doutrinária mais abrangente. Isso desencadeia confusões nos frequentadores, inclusive, que passam a desenvolver uma relação com o Centro na base dos aspectos formais.

> *A grande batalha do Espiritismo contra os preconceitos tem de ser travada, portanto, em primeiro lugar, dentro do próprio movimento espírita. Antes de se defender contra a reação natural do mundo moderno aos seus princípios renovadores, o Espiritismo precisa enfrentar essa defesa no âmbito interno do movimento doutrinário, procurando elevar os seus adeptos à verdadeira compreensão da doutrina.* (XV)

Compreensão que deve transpor-se, também, para o plano da estrutura do movimento. Uma estrutura de poder que fere os mais elementares princípios da liberdade emite sinais de fraqueza doutrinária, embora se saiba que esta não é a verdade.

A QUESTÃO DA CARIDADE NO CENTRO ESPÍRITA

> *O Espiritismo nasceu da Caridade e nela e por ela se desenvolve. Mas, para bem compreendermos esse fato é necessário, primeiro, entendermos o verdadeiro sentido da palavra Caridade. (...) Ao dizer que o Espiritismo nasceu da Caridade, não dizemos que ele nasceu da esmola, mas da efusão natural e pura do amor.* (XIII)

Uma doutrina que prega o amor e oferece o conhecimento capaz de entendê-lo consoante a proposta do Cristo, leva naturalmente à prática da solidariedade, na qual a caridade é a expressão maior. As obras sociais, como parte da caridade praticada pelo Centro Espírita, têm uma grande parcela de responsabilidade na fixação do Espiritismo em terras brasileiras. Toda obra, contudo, feita em nome desta doutrina e sob o rótulo da caridade precisa conter em si os elementos básicos desta, que se resumem no amor verdadeiro.

> *Distribuir recursos aos pobres, dar esmolas ou construir abrigos, asilos, hospitais são formas efetivas da caridade que enobrece quem a pratica, mas nunca deve ser motivo de orgulho e vaidade. Porque as formas objetivas são meios de conduzir nosso espírito às manifestações mais puras da caridade, que constituem suas formas subjetivas.* (XII)

A questão parece lógica e clara, como de fato se apresenta, mas como bom professor Herculano a ela se refere para chamar a atenção, com o recurso didático da repetição para facilitar o aprendizado. Afinal, apesar dessas constantes repetições, muitos se esquecem do verdadeiro sentimento que deve conter todo ato nobre e da pureza de intenções que deve permear a mais proveitosa caridade. O misticismo e o sentimentalismo têm sido, muitas vezes, causa das piores ações sob o manto da caridade. Não basta, pois, insistir na necessidade da caridade, mas é preciso fazer notar o que ela significa e como, objetivamente, se pode auferir de sua realidade e dos sentimentos que a envolve.

> *Se quisermos, pois, que o Espiritismo se desenvolva através da caridade, único meio pelo qual realmente pode desenvolver-se, não esqueçamos que caridade é, antes de mais nada, benevolência, indulgência e perdão.* [XIII]

Apresenta o professor três condições entre as várias que devem acompanhar todo ato caridoso. Por quê? Com certeza por causa de sua ausência em muitos casos e da ilusão de que a caridade é a esmola. O "amar ao próximo como a si mesmo" parece muito óbvio, mas é enganoso na medida em que se não estiver acompanhado dessas três condições estará sem base sólida.

> *Os serviços assistenciais à pobreza, prestados pelos centros espíritas, constituem a contribuição espírita para o desenvolvimento de nova mentalidade social em nosso mundo egoísta.* [IX]

Assim, além dos resultados que a prática da caridade pura por si só apresenta, as obras que em seu nome são feitas pelos espíritas devem se constituir em modelo de verdadeira obra social, ou seja, visar a renovação dessa mentalidade social.

> *Os serviços de assistência ao próximo só podem retardar o avanço da violência, ao mesmo tempo que aceleram o desenvolvimento moral e espiritual da Humanidade.* [IX]

Herculano quer, ainda, destacar a ideia de que caridade não é só auxílio material à fome e à sede. O espírita, especialmente, deve se lembrar de que outras formas de caridade existem com a mesma importância das obras sociais. A cultura, por exemplo, tão desprezada em nossos meios, mas tão urgente quanto, como se observa a seguir.

> *Desapareceram do mundo os antigos mecenas, que punham suas fortunas ao serviço da coletividade. Muitos preferem socorrer os pobres com suas migalhas de sopas e assistências precárias, julgando que assim aumentam seu crédito nos Bancos da Eternidade. Não jogam com a caridade, mas com os cálculos de juros que não existem no Além. São os novos vendilhões do Templo, os cambistas da caridade fácil e supostamente rendosa. Chegarão ao Além de mãos vazias e manchadas pelas nódoas da ambição desmedida e da insensibilidade moral. A Ciência Espírita necessita de escolas, de Universidades, de bibliografias especializadas.* [(X)]

CIDADANIA E PARTICIPAÇÃO POLÍTICA

> *Os espíritas são cidadãos como os demais e têm direitos e deveres no plano político, mas não têm o direito de envolver uma instituição doutrinária nas disputas eleitorais.* [(IX)]

Temos aí dois pontos altamente problemáticos e que geram intensas confusões. O primeiro diz respeito à necessidade que todo espírita tem de compreender que é, antes de mais nada, um cidadão e que a Doutrina não tem nenhum interesse em fazê-lo ausentar-se de suas responsabilidades como tal. Antes, a doutrina bem esclarecida pelo Centro Espírita leva a valorizar a participação do cidadão no mundo. Em segundo lugar destaca o professor a imperiosa necessidade de não envolver o Centro Espírita com partidos políticos e, por extensão, com compromissos com políticos interessados no voto do espírita. Não se depreenda daí que o assunto política e eleições sejam proibidos no centro, como muitas vezes ocorre, como se fosse por si mesmo uma imoralidade. É preciso não fazer essas confusões.

> *A função política do Espiritismo existe, mas noutro sentido. Não lhe cabe nenhum lugar nas disputas de cargos políticos, mas lhe cabe a formação espiritual dos homens para que exerçam, como cidadãos, influência benéfica na solução dos problemas políticos, através do bom-senso e da retidão da consciência, quando levado pelas circunstâncias, chamado ou convocado para funções administrativas em áreas do Estado.* [IX]

O professor coloca o assunto em termos objetivos, mostrando claramente que a consciência do indivíduo enquanto cidadão é importante para o Centro Espírita tanto quanto para a sociedade da qual faz parte. Ou seja, o Espiritismo quer ajudar a desenvolver cidadãos qualificados e capazes de influir na sociedade em todas as suas áreas, para modificar, com o seu comportamento, com sua ação, a consciência do mundo. O Espiritismo e por consequência o espírita verdadeiramente esclarecido pensa ao contrário dos místicos aferrados a dogmas, que pretendem separar os cidadãos do mundo, como se o homem pudesse realizar-se e evoluir fora do contexto em que reencarnou.

> *O espírita não é nem pode ser avesso aos interesses públicos, mas não deve arriscar-se aos azares da política se não estiver impregnado até à medula do firme propósito de resistir a todas as fascinações do cargo que vai exercer e solidamente esteado nos princípios da doutrina.* [IX]

CONHECENDO OS FINS PARA ENTENDER OS MEIOS E AS PRÁTICAS

O conhecimento das finalidades do Espiritismo surgiu, para Herculano, como o caminho principal para uma prática sadia e fiel, ao máximo, a Kardec. Em vista disso:

> *Uma das maiores dificuldades da prática do Espiritismo – não da prática de sessões, mas da vivência espírita, da aplicação dos princípios doutrinários à vida prática – reside na falta de compreensão dos objetivos da doutrina.* [(XV)]

A pergunta: quais são os objetivos do Espiritismo? instigou muitas respostas simplistas, que se disseminaram pelo movimento e, também, se tornaram lugar-comum. A principal delas talvez seja: o Espiritismo objetiva a reforma moral do homem. Sempre que se criam conceitos modelares tende-se a banalizar, de um lado, e provocar apatia, de outro. O modelo substitui a razão e reduz a obrigação de pensar. O Ser, assim, incorpora o modelo e se dispensa do bom-senso diante das situações em que vive. Na verdade, o Espiritismo não possui um só objetivo, mas vários. Não é ele a resposta completa, mas o mais avançado corpo de conhecimentos para a cultura de hoje. Não pode, portanto, limitar-se a um ou a alguns objetivos. Segundo Kardec, a doutrina possui uma filosofia de consequências morais, estabelecida após experiências científicas comprobatórias. A chave, portanto, para a "compreensão dos objetivos" se encontra no conhecimento da doutrina, que muitos, inadvertidamente, reduzem à leitura desordenada e até mesmo ocasional das obras básicas.

> *O Espiritismo é uma doutrina do futuro. À maneira do Cristianismo, abre caminho no mundo, enfrentando a incompreensão de adeptos e não-adeptos.* [(VIII)]

O professor observa que a doutrina está mais para o futuro do que para o presente. Poderia ele dizer que o Espiritismo é uma doutrina do futuro tanto quanto é uma doutrina para o futuro. Em ambos os casos, com correção. Não se esgota ela com o findar de um milênio e começo de outro, embora seja de se esperar que será complementada mais tarde.

A doutrina avança neste terceiro milênio "enfrentando a incompreensão de adeptos e não-adeptos", porque tem ela uma força própria, que a impulsiona. A incompreensão afeta-a, particularmente, mas afeta sobretudo os próprios adeptos, que acabam, muitas vezes, realizando uma miscelânea cultural, incorporando nela parcela maior ou menor de sua carga do passado e ficando impedidos, assim, de aplicar seus princípios convenientemente em seu presente no mundo.

> *De um lado, o povo não pode abarcá-lo na sua totalidade, contentando-se com o seu aspecto religioso; de outro, os especialistas não admitem a sua natureza sintética; e de outro, ainda, os preconceitos culturais levantam numerosas objeções aos seus princípios.* (VIII)

A compreensão dos objetivos do Espiritismo leva, invariavelmente, ao desenvolvimento de uma consciência individual e coletiva. Às lideranças espíritas cabe, neste aspecto, a maior parcela de responsabilidade, uma vez que depende delas o esforço para fazer com que o povo se aproxime o máximo possível dessa consciência e para derrubar as barreiras dos preconceitos.

Herculano desnuda aí uma outra realidade: as próprias lideranças têm dificuldades de compreender os objetivos doutrinários, porque agem às vezes, também, preconceituosamente. O pior, para o professor, não é o proceder com preconceito, mas o não ter consciência da interferência do preconceito no proceder. O mesmo vale para o problema do conhecimento doutrinário.

> *A missão do Espiritismo não é esclarecer alguns indivíduos em meio às multidões, mas esclarecer as multidões, alargar o conhecimento humano, colocar os homens diante da realidade integral da vida – para regenerá-los.* (III)

Esclarecer as multidões, oferecendo-lhe os princípios espíritas tem sido, para alguns, tornar espírita todos os indivíduos, o que é um engano. O Catolicismo desejou tornar o mundo inteiro católico; não conseguiu quase nada no oriente e alcançou certo sucesso no ocidente. Mas deu no que deu! A doutrina objetiva ter seus princípios conhecidos pela sociedade, de forma que a sociedade entenda a realidade do Ser no Mundo e, através de uma consciência desenvolvida com liberdade, promova sua própria regeneração. É a isso que se refere o professor quando fala em "realidade integral da vida". Esclarecer, portanto, não é, obrigatoriamente, tornar espírita, mas criar a consciência de que o homem é construtor de seu destino imortal.

> *A Doutrina Espírita é um chamado viril à dignidade humana, à consciência do homem para deveres e compromissos no plano social e no plano espiritual, ambos conjugados em face das exigências da lei superior da evolução humana. Só nos aproximaremos da Angelitude, o plano superior da Espiritualidade, depois de nos havermos tornado homens.* (IX)

Atingimos um ponto fundamental do pensamento do professor. O contato com a vida espiritual, proporcionado ao homem pelo Espiritismo abriu, de um lado, as portas de uma nova realidade e, de outro, a possibilidade de conclusões equivocadas. A figura do Espírito Superior surgiu, assim, como aspiração para o saber em mais alta escala, mas ficou de certa forma desfigurada pela pressão da carga cultural religiosa. Herculano busca revisitar o tema, traçando um perfil resumido do Espírito Superior para enfatizar que este não pode ser confundido com personalidades de discutível evolução. Para tanto, aponta para uma das ações do Espiritismo: "chamado viril à dignidade humana". A expressão é forte e capaz de balançar as criaturas ainda presas àquela figura ingênua do anjo traçada pela religião formal. Mas é prenhe de verdade. Ao fazer a afirmação, Herculano está enfatizando a responsabilidade do Ser perante os compromissos sociais e espirituais, de cuja concretização depende a evolução em direção aos planos superiores da espiritualidade, como o da angelitude indicado pelo professor. Mas o anjo da escala espírita não tem a ingenuidade nem a doçura superficial do anjo banalizado pelas religiões. A verdade e a justiça formam, nele, dois pilares sobre os quais se sustenta. Incorpora ele, em todas as suas consequências, o "sim, sim; não, não" do Cristo. Não se fragiliza, à maneira do homem comum, ante os interesses egoísticos ou grupais. Ao caracterizá-lo dessa forma, Herculano busca derrubar a falsa imagem que dele fizeram, ao mesmo tempo em que recomenda àqueles que aspiram o plano superior, incorporar o seu exemplo. Age, portanto, em concordância com a Doutrina Espírita, que deixa claros os valores que adornam a personalidade do Espírito Superior, valores estes sintetizados por Herculano na palavra "virilidade". E para reforçar o termo, explica:

> *Propagou-se no meio espírita, através de mensagens mediúnicas emotivas, tendendo a um masoquismo de cilícios e autopunições, a estranha ideia de que a virilidade só pertence aos cultores da violência. Voltamos assim ao sistema igrejeiro dos re-*

banhos de ovelhinhas inocentes devoradas por lobos famintos, sem qualquer possibilidade de defesa. (IX)

Sistema igrejeiro: carga cultural religiosa, que condiciona o ser e o leva a adaptar-se aos novos valores, quando o certo seria reformar a cultura com a substituição dos velhos valores pelos novos. Emmanuel fala de certa forma dessa condição humana ao dizer que o homem coloca de si, do seu "eu" em tudo que toca. Herculano alude à virilidade como algo próprio dos espíritos superiores. Qualquer estudioso encontrará farta exemplificação da virilidade, aqui explicitada, em *O Livro dos Espíritos* e demais obras da Codificação, especialmente nos textos elaborados pelos Espíritos Superiores. Linguagem elevada, clareza de ideias, franqueza de expressão, compromisso com a verdade e a justiça, tais são as características dos seus ditados. Para alcançar os planos superiores o ser necessita adornar-se dessa virilidade; o seu contrário é a ideia da ovelhinha, nascida de uma concepção religiosa ultrapassada, que desemboca em tantas outras falsidades, com forte presença na cultura ocidental.

O Espiritismo não é uma doutrina de passividade contemplativa. Sua finalidade, como os Espíritos Superiores disseram a Kardec, é revolucionar o mundo inteiro, modificando-o para melhor. (IX)

O professor mostra, assim, que é preciso transformar o mundo todo, mas não simplesmente transformar; a transformação precisa ser "para melhor". E transformar para melhor compreende substituir valores, modificar a cultura. O modo de ser religioso e de praticar a religião são formas de expressão da cultura que valoriza a "passividade contemplativa". O seu contrário só pode ser alcançado com o emprego da razão. Trata-se, portanto, de uma alteração profunda (e temos de convir, de morada). O ser passivo aguarda a salvação; o ativo realiza a transformação. Vale acrescentar, assim, que:

> *A nossa doutrina não é uma realidade, entranhada nas estruturas atuais. É um arquétipo carregado de futuro, um vir-a-ser que se projeta precisamente no que ainda não é, na rota das aspirações em demanda. Confundi-la com as estruturas peremptas deste momento de transição e querer sujeitá-la às normas e modelos do que já foi é tentar prendê-la no círculo vicioso dos abortos culturais.* (X)

A situação se repete: a Doutrina Espírita é cultura com larga abrangência, num mundo de culturas múltiplas e variadas. Nesta situação, é compreensível que se estabeleçam conflitos culturais e os homens temam por aquelas nas quais estão inseridos. Esta luta se estabelece no campo da individualidade e das coletividades. Mesmo entre aqueles que se colocam de acordo com a nova cultura haverá embates não menos fortes; a cultura velha como patrimônio do ser e da sociedade, que de alguma maneira representa segurança, ergue-se como barreira ao novo, estejam ou não conscientes disso os indivíduos.

O ser muitas vezes não se dá conta disso, porque imagina agir em favor de sua verdade. Mas, sempre que se colocar como obstáculo às ideias oriundas da interpretação da nova cultura, estará agindo, com certeza, sob a pressão da cultura velha. Isso explica porque o professor aponta para o fato de o Espiritismo constituir-se num "vir-a-ser na rota das aspirações em demanda". As confusões entre a nova e a velha cultura se dão por força do arquétipo existente, que não cederá seu lugar com facilidade. Quando o espírita se aferra a pontos de vista e posições extremadas, no plano do confronto cultural, está, de fato, contribuindo para o "círculo vicioso dos abortos culturais". Herculano dá exemplos disso. Um deles pode ser visto assim:

> *Não podemos adaptar o Espiritismo às exigências dos que negam a existência dos espíritos, aviltando o princípio inteligente e a razão nas correntes de Prometeu. A Revelação Espiritual veio pelo Espírito da Verdade, mas a Ciência Espírita (revelação humana) foi obra de Kardec.* (X)

A segunda frase é consistente: Kardec obteve, por seu esforço e, claro, o de seus colaboradores, a comprovação da Doutrina. Resultado: a cultura nova é uma realidade. Então, como poderemos conviver com adaptações e ajustes com a velha? Qualquer concessão aí será uma contribuição ao referido aborto. Por isso, a luta se estabelece no campo individual e coletivo: o Ser será pressionado pela carga do passado, interiormente, e pela sociedade, de outro lado, na direção de acomodações doutrinárias. Por sua vez, os centros espíritas e demais instituições doutrinárias sofrerão idêntico processo de pressão, uma vez que refletem os desejos e ambições dos seres que a compõem. A consciência disso será sempre fundamental para que a nova cultura saia vencedora no plano geral; no particular, acontecerá o que já é visível: conviverão os Centros onde a consciência de seus líderes alcançou um grau mínimo de compreensão dos objetivos do Espiritismo, ao lado de outros onde prevalecem formas sincréticas, exteriorizadas em formalidades e em ideias contraditórias, nas próprias contradições do Ser.

> *Não podemos combater as práticas sincréticas em si mesmas, pois elas correspondem à incultura da maioria, apegada ainda à placenta selvagem, mas podemos e temos de lutar pelo esclarecimento doutrinário...* (X)

O meio, portanto, para formação de uma consciência plena dos objetivos espíritas é a conscientização; ela é, em si mesma, o instrumento de combate das "práticas sincréticas", que expressam a "incultura", ou, se quisermos, a prevalência de uma cultura que o Espiritismo veio renovar. Voltamos, assim, ao ponto inicial:

> *A simplicidade do Espiritismo, pois, decorre da afirmação positiva, franca, sem rodeios, da realidade dos fatos e da sua interpretação lógica, direta, na base "do que eles são" e não "do que devem ou podem ser".* [XV]

Capítulo 4

DO CENTRO DA NOVA REALIDADE BROTA A RELIGIÃO ESPÍRITA

A renovação cultural conduzida pelo Espiritismo deve influenciar a cultura do mundo, segundo Herculano Pires. Um dos setores onde isso é mais visível, não se pode negar, é o da Religião. Nele predominam características que sofrem imediata ação do pensamento dos Espíritos, devido às novas propostas que trazem. É verdade que Kardec, especialmente nos primeiros anos da Doutrina, imaginou a possibilidade dos princípios espíritas invadirem as catedrais e os templos religiosos de forma geral, como um sopro renovador dos ares asfixiantes que então predominavam, sem que fosse necessário alterar as designações religiosas. Teríamos, assim, o católico-espírita, o protestante-espírita, o judeu-espírita e daí por diante. Mas logo Kardec abandonou essa ideia, não só em decorrência dos ataques das religiões constituídas, que passou a sofrer, como também pelo entendimento de que o Espiritismo teria de construir seu próprio caminho. As religiões permanecem asfixiadas até hoje.

Herculano trata a Religião como um setor importante da cultura, que não pode ser desprezado em nenhuma hipótese. Vimos como ele abordou o assunto quando se referia à educação espírita, especialmente no capítulo da Religião nas escolas, condenando o laicismo e trabalhando por uma educação em cujo contexto os valores da Religião, segundo a proposta espírita, seriam colocados. Do fato de ser o Espiritismo uma Religião ao de possuir uma ideia clara e racional da própria Religião, surge para o professor uma realidade que vem em reforço de seu pensamento em relação à formação de uma consciência espírita profunda. Está exatamente aí a base para o entendimento de que a Religião Espírita tem uma proposta frontalmente contrária à cultura religiosa atual, mas que não pode prescindir do embate. Ou seja, toda a dificuldade, para alguns intransponível, de conciliação da expressão Religião Espírita com a cultura do homem moderno transforma-se aos olhos do professor no próprio instrumento para a implantação do conceito espírita.

Põe ele em confronto, no campo cultural, as duas propostas: a da religião tradicional e a da Religião Espírita, na certeza de que, pela razão que brota da análise do conhecimento, conseguirá o Ser assimilar a cultura espírita e, portanto, abandonar a velha. Por outro lado, se prevalecer a condenação da Religião Espírita, este embate cultural será apenas retardado, porque não pode ser impedido, e seu retardamento se constituirá em prejuízo ao próprio homem.

> *O Espiritismo é a Ciência do Espírito e de suas relações com os homens; dessa Ciência resulta uma Filosofia e dessa Filosofia as consequências religiosas do Espiritismo, que constituem a Religião Espírita.* [IX]

Dizer consequências religiosas é o mesmo que consequências morais, estando, pois, de acordo com a Codificação. A sequência do pensamento pode ficar assim: da Ciência Espírita resulta uma Filosofia; desta resultam as consequências religiosas ou morais. Temos, pois, a Religião Espírita.

Mas entenda-se o professor: a Religião Espírita só pode ser abarcada pelo estudo da Filosofia Espírita, que está ligada umbilicalmente à Ciência Espírita. Temos, portanto, uma Religião filosófica e científica. Em síntese, uma proposta cultural nova para a Religião.

> *Até hoje, no Brasil e em muitos países, certos organismos estatais, principalmente quando influenciados pela Igreja negam ao Espiritismo o seu caráter de religião. Mas os espíritas precisam saber que o Espiritismo é religião e o Centro Espírita, geralmente religioso, deve insistir no esclarecimento desse problema em suas reuniões.* (IX)

A luta aí não é simplesmente para ser aceito no contexto das religiões, evidentemente. Herculano vai além de um simples apelo por um lugar de direito. Pretende ele ver o Espiritismo respeitado no seu posicionamento novo em relação à religião, como forma de influir diretamente na transformação cultural do povo. A possibilidade do Centro Espírita oferecer, por exemplo, uma nova visão de religião à sociedade é um estímulo à luta contra essa discriminação em que esbarra a Doutrina. A visão do professor vai bem à frente, portanto. Daqui para diante, podemos acompanhar seu pensamento, nesse método por ele apreciado, de desenvolver a razão do aluno mediante afirmativas e negativas, abordando aspectos interessantes da questão religiosa e suas consequências.

> *Os espíritas, primeiros chamados para a compreensão da Ciência Integral – e que na sua maioria refugiaram-se num beatismo de sacristia – estão intimados a alijar dos ombros as cargas do misticismo igrejeiro para poderem assumir a herança do século.* (II)

A Ciência Integral é, aí, sinônimo de Espiritismo; as cargas são a cultura religiosa, que pressiona o Ser para a repetição do passado e que, de fato, faz com que muita gente, inteligente e culta, não consiga sobrepujar a tendência ao misticismo classificado por Herculano de igrejeiro, porque leva à reprodução em ambiente espírita de hábitos e comportamentos, ideias e interpretações próprias do conhecimento antigo. Alijar dos ombros é a maneira de impedir que essa carga influa negativamente na interpretação da Doutrina Espírita, obstando a repetição do religiosismo defasado e ultrapassado pela nova cultura. A questão é tão séria que leva o professor a bater na tecla da carga cultural com insistência, como se desejasse – e de fato tem ele esse desejo – acordar especialmente os líderes espíritas para essa realidade.

> *Os beatos das religiões dogmáticas trocaram de pele mas não perderam suas manhas. Substituíram os ritos católicos pelos passes e preces, a água benta pela água fluídica e os rosários de repetições medrosas pelos colares de contas de ifá, na magia primitiva das religiões mágicas da selva, negras e indígenas.* [II]

Contra aqueles que não só se deixam levar pela pressão cultural, mas também acabam assumindo uma postura de intransigente defesa delas, Herculano se levanta para acusá-los de espíritas manhosos, mais presos ao velho que ao novo, indo a ponto de revelar essa convivência perniciosa no Centro Espírita, do sentimento dogmático se manifestando, não pelos ritos católicos, mas através das práticas do passe, da prece decorada e sentimentalista, da água fluídica que substitui a antiga água benta e tudo o mais que ainda se vê. Ora, esta situação produz uma imagem deformada do Espiritismo junto à sociedade, levando-a a crer que o Centro não passa de uma reprodução do velho templo, o que, em suma, significaria que o Espiritismo nada apresenta de novo. Vai Herculano além, ao verificar outro aspecto da questão, tão negativo quanto (ou talvez até mais), que é a prática doutrinária mesclada de elementos estranhos, não apenas por não estarem contemplados pela doutrina, mas também por representarem uma volta ao passado selvagem, tornando ainda mais difícil o entendimento do Espiritismo.

A carga cultural se constitui, neste momento, no principal adversário dos espíritas interessados numa prática realmente renovadora. Nesse ambiente, ficam os adeptos como que num círculo vicioso, onde o conhecimento novo, asfixiado pelo antigo saber, perde terreno. Desenvolvem mentalmente uma prática superada, mas não o percebem, da mesma forma que não compreendem a enorme distância que existe entre as propostas do Centro Espírita e as de sua religião anterior.

Para explicar e compreender o problema, o professor vai relembrar as raízes dos dogmas católicos, que se encontram fincadas no passado distante.

> *O exemplo egípcio é fecundo em vários sentidos. Não só demonstra essa transformação dos deuses, como também nos fornece as raízes históricas de vários dogmas, sacramentos e instituições das religiões dominantes em nosso mundo.* [(VIII)]

A tentativa é contribuir para uma consciência do problema religioso e sua influência no Espiritismo praticado nos Centros. Herculano entende que quando a maioria perceber essa influência, especialmente os líderes, estaremos em melhores condições de compreender os objetivos da Doutrina Espírita e de combater as influências. Além disso, poderemos esperar o estabelecimento da Religião Espírita sem nenhum choque cultural e, portanto, sem a preocupação manifestada por parcela do movimento, que se coloca contra a existência dessa religião enquanto criação kardeciana.

> *O Cristianismo constituiu o grande alicerce ideológico sobre o qual se ergueu o edifício de um novo mundo, de uma nova civilização, a partir da decadência do Império Romano. Mas os ideais do Cristianismo não puderam concretizar-se perfeitamente e desenvolver-se em plenitude na civilização moderna. A nova estrutura, herdeira da antiga, conservou muito daquela, da mesma maneira por que o organismo do filho repete as características paternas.* [XV]

Fora preciso, pois, como o anunciou o Cristo, que viesse uma nova doutrina, para mais uma vez repor as coisas em seus lugares e restabelecer a ordem. Foi o que aconteceu com o Espiritismo, segundo Herculano.

> *O velho debate filosófico entre razão e sentimento, traduzido no plano religioso pelo dualismo de razão e fé encontra no Espiritismo a sua solução natural pelo equilíbrio de ambos, na fórmula clássica de Kardec: "a fé raciocinada"* [VIII]

A consciência do problema conduz, também, ao inevitável entendimento da fé raciocinada na Religião Espírita, que não é aqui nenhuma bandeira nem solução mágica a ser repetida, mas o ponto máximo da Doutrina e que lhe confere as condições de modernidade.

Fé e Razão deixam de ser termos simples e isolados para se constituírem num substantivo composto, em que um depende do outro e, portanto, não podem sobreviver isolados. Assim, não existiria uma fé espírita, bem como uma razão espírita. Existe, sim, a fé raciocinada, produto da Ciência Integral que é o Espiritismo. Nesse caminho, vai-se compreender que:

Não há mais lugar para fanatismos de qualquer espécie no mundo atual, iluminado pelas esperanças da Era Cósmica. (II)

Compreenda-se: não há possibilidade para nenhum fanatismo, seja ele qual for, e muito menos um hipotético fanatismo espírita, por si só contraditório e denunciador da carga cultural que o indivíduo carrega. Vemos, assim, caírem, um a um, os pilares da religião tradicional. O fanatismo é produto, no meio cultural religioso, do dogmatismo. Ambos são atirados ao fogo da razão pela Religião Espírita.

O dogmatismo religioso não consegue furtar-se ao impacto dessas comparações. A fé ingênua, imposta pela autoridade e a tradição, derrete-se como cera frágil, ao fogo da razão. Somente a fé racional, ou a fé raciocinada, como queria Kardec, pode enfrentar serenamente essa análise histórica, sem perder-se na negação ou extraviar-se na dúvida. (VIII)

A Religião Espírita não deixa dúvida ao professor. Pode não responder a todas as questões, mas oferece um ingrediente que conduz a uma solução possível quando a questão for por demais complexa: o bom-senso. Para os problemas mais cruciais e, portanto, mais disputados pela humanidade atual, a Doutrina oferece uma visão objetiva, clara, simples e ao mesmo tempo profunda.

Na proporção em que a razão se desenvolve, em que o homem aprende a pensar e a julgar, a fé cega, tradicional já não pode satisfazê-lo. A fórmula comodista: "creio porque creio" exigirá um substituto dinâmico e fecundo: "creio porque sei". (VIII)

A Religião Espírita é, portanto, a religião do saber, do conhecimento. Todos os componentes conhecidos de uma religião tradicional encontram no Espiritismo uma explicação que os recoloca e os reintegra à sua realidade, de onde foram tirados para cumprir uma ação isolada. Na Religião Espírita não se deixa de orar, por exemplo, mas não se ora pelas mesmas razões de antes. A proposta da oração se integra num contexto maior, onde se desenvolve a vida no Universo. Assim, deixa-se de valorizar o crer para valorizar o saber. Quanto mais sabe o indivíduo, mais crê! A implantação dessa nova religião é, contudo, ou talvez por isso mesmo, dificultada por fatores diversos, especialmente a carga religiosa de um passado distante.

> *O formalismo religioso tem o seu poder e o exerce até mesmo sobre aqueles que parecem libertos de preconceitos religiosos.* (VIII)

A força da carga cultural se mostra, assim, não só nos adeptos iniciantes, mas também, e com muita presença, nas lideranças cultas, de conduta exemplar. Não se trata de uma condição à qual o indivíduo pode dar um destino imediato, repentino. Somente uma consciência bem construída encontra forças capazes de enfrentar essa realidade.

> *A domesticação católica e protestante criara em nossa gente uma mentalidade de rebanho. O Centro Espírita tornou-se uma espécie de sacristia leiga em que padres e madres ignorantes indicavam aos pedintes o caminho do Céu.* (IX)

O professor aponta a realidade. Em Emmanuel – repetimos – encontramos a afirmação de que o ser humano coloca o seu "eu" egoístico, em percentual ainda enorme, naquilo que constrói. Sendo o Centro Espírita realização humana e sendo a prática espírita resultante da interpretação da Doutrina Espírita, fica compreensível essa adaptação verificada nas organizações espíritas, especialmente onde o Espiritismo só chegou através de alguns elementos isolados. A carga cultural conduz à reprodução daquilo que já era exercitado antes do Espiritismo.

> *O carimbo da igreja marcou fundo a nossa mentalidade em penúria.* (IX)

A penúria da mentalidade é a herança religiosa. E como a religião dominante procura dar uma visão de vida ao homem segundo concepções e interesses que contrariam a realidade, a penúria alcança, assim, uma condição real.

> *O igrejismo salvacionista depauperou a inteligência popular, com seu cortejo de carreirismo político-religioso, idolatria mediúnica, misticismo larvar e o que é pior, aparecimento de uma classe dirigente de supostos missionários e mestres farisaicos, estufados de vaidade e arrogância.* (IX)

Todas as condições ideais para a formação da não-religião foram reunidas e passaram a integrar as religiões dogmáticas. A Religião Espírita, embora não seja essa a sua função básica, desnuda tal realidade e a estuda, no sentido de conhecer até onde pode ela influenciar negativamente o Centro Espírita. Uma vez compreendida a influência, trata de afastá-la, combatendo-a com o conhecimento sintetizado na fé raciocinada. Herculano mantém um raciocínio coerente com sua interpretação kardeciana, procurando alongar o fio cuja ponta encontrou nas raízes históricas da cultura religiosa da humanidade. Eis porque toda a carga do indivíduo está impregnada dos vícios que irão desenvolver-se exatamente ali, onde tudo parece propício para isso: o Centro Espírita.

> *Essa tendência mística popular, carregada de superstições seculares, favorece a proliferação de pregadores santificados, padres vieira sem estalo, tribunos de voz empostada e gesticulação ensaiada.* (IX)

Tocados pela ideia da caridade da divulgação, mas entendendo-a sob o prisma cultural do passado, muitos se investem da condição messiânica; o primeiro que fez sucesso se tornou o inspirador dos seguintes, formando assim uma sucessão de indivíduos que fazem fama falando da Doutrina. Herculano se volta contra eles por não notar em suas ações senão um grande desejo de projeção pessoal, embora apareçam, especialmente perante o público, sob o manto dos "pregadores santificados". A mesma questão, que passa por este caminho, alcança também outros níveis, como a seguir registrados:

> *Os maneirismos, as modulações artificiais da voz, os excessos de gentileza mundana e tudo quanto representa artifício de refinamento social deformando a natureza humana a pretexto de aprimorá-la, não encontram aceitação nos meios verdadeiramente espíritas.* (IX)

Ou seja, onde se cultiva a razão na interpretação doutrinária não há lugar para o surgimento de criaturas dessa natureza. Assim sendo, o seu aparecimento ocorre naqueles núcleos onde a carga cultural do passado é dominante e onde, especialmente, tal conteúdo cultural não desperta e sequer apresenta preocupação, seja porque os indivíduos a desconheçam, seja porque não têm interesse em considerá-la. Convém notar que a função precisa do Centro Espírita é oferecer condições para o progresso do Ser, para sua estabilidade social e significativa atuação no aprimoramento de suas estruturas.

No Centro Espírita as almas frágeis dos rezadores e lamurientos encontram os elementos necessários à recuperação de suas forças, de sua virilidade espiritual, para ressuscitarem-se a si mesmas das cinzas do passado. (IX)

O entendimento preciso dessa realidade é fundamental para tornar os indivíduos conscientes de que o Centro Espírita não pode ser transformado em lugar de reprodução permanente dos comportamentos religiosos do passado. A Religião Espírita, totalmente desligada do religiosismo, destina-se a recuperar as forças e a "virilidade espiritual", perdidas pelo ser em suas andanças palingenésicas. A questão da virilidade precisa receber a devida atenção: o misticismo idólatra e dogmático encaminha o indivíduo para a posição de espera passiva da salvação, onde aguarda a definição de seu futuro espiritual na posição de cordeiro manso, esgotado de suas energias, apático e sem nenhum ideal a conquistar. Essa postura é combatida veementemente pela Religião Espírita e Herculano, conseguindo enxergar o fato em sua profundidade, traz à tona a necessidade da virilidade, para mostrar que quem deseja ser Espírito Superior precisa entender que este tipo de ser é, antes de mais nada, uma alma viril, franca, contraria à ideia popularizada dos cordeiros mansos.

Os cristãos primitivos foram levados à loucura de se julgarem puros e santos, como vemos nas epístolas ardentes de Paulo, reprimindo os núcleos desvairados. No meio espírita domesticado por incessantes mensagens padrescas, algumas instituições doutrinárias chegaram a proclamar-se donas exclusivas da verdade. (X)

Não tenhamos dúvida: o professor se refere, ao falar das "mensagens padrescas", especialmente àquelas mediúnicas, recebidas por médiuns mal preparados e divulgadas sem uma análise efetiva; mas refere-se, também, ao sentimento padresco cultivado por algumas lideranças espíritas que, assim, são duplamente responsáveis: dão caráter de verdade a esse comportamento e propiciam a formação de uma grande quantidade de indivíduos desse caráter, que vão se multiplicar à frente. A verdade, portanto, revela uma repetição do passado: fatos que contribuíram para o desvirtuamento do Cristianismo estão presentes, sob outras roupagens, no movimento espírita, forçando semelhante desvio. A falta de entendimento da verdadeira Religião Espírita, pela massa, encontra aí o terreno propício à proliferação do sentimento místico dogmático e, portanto, prejudicial à disseminação da fé racional.

> *O Espiritismo é o Consolador prometido por Jesus, mas o consolo espírita não é cantiga de ninar e sim conhecimento da razão e das finalidades da vida.* (X)

Ao referendar o caráter espírita de Consolador, Herculano reforça, implicitamente, a existência da Religião Espírita, mas, do mesmo modo que a torna evidente, reprime a tendência de tornarem-na "cantiga de ninar", a religião da salvação sem esforço individual. É ela "conhecimento da razão e das finalidades da vida". Se fosse cantiga de ninar seria, também, simples apologia de tudo quanto foi implantado no passado pelas religiões formalistas. Sendo, como de fato é, a Religião da virilidade, torna-se adversária do passado, portanto, revolucionária. Não destina o indivíduo para si, mas para a sociedade, reconhecendo que:

> *A verdade maior – ou verdadeira – é a que nasce do contexto social, da usina das relações, onde o indivíduo se forma pelo contato com os outros.* (XIII)

Com isso, cria a Doutrina um mundo novo, onde os indivíduos vão aprender que todas as formas de cultura são parcelas, simplesmente parcelas de uma cultura maior, universal. Com isto, a própria Religião Espírita tende a diluir-se no futuro, o que é plenamente aceitável por quem, como o professor, professa ideias desvinculadas de qualquer sectarismo e, portanto, despreocupadas do contexto ideológico em que os homens costumam reunir-se. A religião é parte da cultura e é, por isso mesmo, cultura; não pode ser desprezada, sob risco de causar prejuízo à formação dos indivíduos. Mas não pode, também, ser tratada com preconceito e sectarismo, o que seria escarnecer da verdade maior que "nasce da usina das relações".

> *O mundo que o Espiritismo está construindo na Terra, com base nos princípios fundamentais do Cristianismo é essencialmente universalista, e portanto anti-sectário. O Espiritismo não se proclama o único meio de salvação humana, nem se diz o detentor exclusivo da verdade.* (XIII)

A luta do professor não pode, portanto, ser classificada como uma espécie de fanatismo. É, antes de mais nada, a da inteligência que consegue analisar a obra e alcançar seu ponto máximo de compreensão sem, todavia, deixar-se envolver por sentimentos de exclusão, a ponto de vir a considerá-la única, exclusiva dona da verdade. Veja-se: Herculano, da mesma forma que assim age e com o mesmo equilíbrio considera o que o Codificador proclamou: a "ligação umbilical" do Espiritismo com o Cristianismo. Jamais temeu ele trilhar esse caminho do meio, em que foi capaz de ver os defeitos da prática religiosa proveniente da má interpretação doutrinária, mas sem se deixar levar na onda dos que combatem, por isso mesmo, a existência da Religião Espírita. Uma coisa é a existência dessa religião; outra, bem diferente, é o que fazem com ela líderes e frequentadores despreparados. Preferiu ir às raízes, como a exemplificar ao aluno o melhor caminho a ser seguido. Com isto, levantou para o estudo questões importantes que conduzem à compreensão do problema religioso, compreensão esta que, em lugar de combater a Religião Espírita, desenvolve instrumentos para combater o religiosismo e toda a carga cultural do indivíduo, responsável, em boa parcela, pela prática deformada.

> *O Cristianismo que fundamentou a nossa civilização é um arremedo grotesco do ensino do Cristo. Não fomos convertidos, mas apenas sugestionados por uma visão de beleza e de pureza que não conseguimos realizar em nós.* (XXIX)

A chamada conversão, portanto, jamais se realizou, porque não passou de uma sugestão forçada; e não se realizou porque não levou em consideração fatores fundamentais da psicologia humana, entre eles a capacidade dos indivíduos, mesmo os mais pobres de inteligência, de optar frente às experiências na "usina das relações humanas". Mas também porque desconsiderou a realidade da vida, manifestada na existência dos dois planos, o visível e o invisível, nas suas relações e no fato do retorno periódico das almas ao ambiente terreno.

> *A mística judaica projetou-se em cheio na mística medieval, contrariando os ensinos e os exemplos de Jesus, que preferiu viver com o povo a isolar-se nos templos para cultivar a vaidade e a pureza mentirosa dos clérigos.* (XXX)

Quer o professor fazer os espíritas voltarem-se para estes exemplos, para recordarem os desvios que os homens provocaram nos ensinos do Cristo e não apenas para contemplarem uma parte da história humana. Da mesma forma que a Religião Espírita dispensa seguidores cegos, combate o isolacionismo de líderes e adeptos, uma vez que compreende ser indispensável a experiência no mundo para evolução do Espírito.

> *Por mais que procuremos negar essa dialética da consciência, ou dar-lhe uma interpretação diversa, nunca poderemos fugir à realidade dos fatos, que nos mostram o homem, na História, tomando conhecimento do mundo pela experiência, agindo sobre ele através de uma concepção ou representação e procurando dominá-lo através de uma síntese afetiva, moral ou religiosa.* (VIII)

Não cabe, portanto, à religião verdadeira o papel de excludente do homem do seu mundo; ao contrário, sua função é preparar o homem para o mundo, oferecendo-lhe, se possível, uma visão de sua realidade e facilitando sua inclusão "na usina das relações". O Espiritismo é, na percepção do professor, a Religião que disponibiliza a mais precisa visão da realidade do mundo, uma vez que o estuda em seu aspecto global, na fusão dos seres invisíveis com os visíveis e em toda a gama de resultados que disso resulta. Ajunta aí os princípios e teorias comprovadas, como a da reencarnação e a da mediunidade, capacitando a criatura a inserir-se neste mundo segundo o seu direito e o seu dever: para participar dele, do seu progresso, retirando, através dessa insuperável experiência, o saber que a eleva acima das contingências e possibilita voar pela imensidão sideral. Para tanto, a Religião Espírita procura desligar o ser de todos os fatores condicionantes que as religiões dogmáticas estabeleceram.

> *Os símbolos representam ideias e servem para transmiti-las, mas por isso mesmo se colocam entre as ideias e o intelecto, e não raro encobrem e asfixiam aquilo que deviam exprimir. Trata-se, eviden-*

temente, de um processo dialético. Os símbolos são úteis durante o tempo necessário para a transmissão das ideias, mas tornam-se inúteis e perniciosos quando passam do tempo. (VIII)

A renovação que a Religião Espírita propicia no campo cultural foi o que levou Allan Kardec a imaginar a possibilidade de convivência pacífica do Espiritismo com as demais religiões. Tal não foi possível, como vimos. Mas serve para demonstrar o completo desinteresse da Doutrina quanto à formação de um grande cartel de seres humanos, porque é uma doutrina desprovida de interesse pelo poder; despretensiosa quanto ao mundo, não se importa se seu adepto deseja ser, ao mesmo tempo, fiel aos seus antigos credos, ou conviver em ambos os barcos. Respeita essa posição, mesmo reconhecendo-a incoerente devido às diferenças enormes existentes entre o ensino espírita, cósmico e abrangente, e o das religiões dogmáticas. A posição, por exemplo, da Doutrina em relação à simbologia utilizada pelas religiões é uma questão de lógica e razão e não uma posição contrária gratuita. O professor mostra que o Espiritismo é o documento de cidadania cósmica do homem; não pode este, portanto, ao aceitá-lo, deixar de entender quando o tempo dos símbolos passou e que as ideias que eles deviam exprimir são hoje superadas pela fé que enfrenta a razão face a face. Continuar preso a esses sistemas simbólicos significa retardar o passo no contexto da viagem sideral. O mesmo ocorre quanto aos ensinos religiosos, baseados na moral cristã.

A posição do Espiritismo, em face dos textos sagrados do Cristianismo, parece ambígua. Ao mesmo tempo que se apoia nos textos, a Doutrina, a partir de Kardec, e por seus mais autorizados divulgadores, também os critica. Nada mais coerente com a natureza declaradamente racional do Espiritismo, com a sua orientação analítica. A ambiguidade apontada pelos opositores não é mais do que o uso da liberdade de exame, sem o qual o Espiritismo teria de submeter-se ao dogmatismo literalista, incapaz de libertar da prisão da letra o espírito que vivifica. (VIII)

Temos, portanto, uma Religião cuja base moral é o Cristianismo do Cristo, mas para cujo entendimento tem o adepto à sua disposição a liberdade de questionamento, reforçada por uma doutrina eminentemente lógica, racional e renovadora, que permite-lhe ir ao fundo da interpretação, minimizando a letra e valorizando o significado em sua amplitude.

Os espíritas não consideram a Bíblia como "a palavra de Deus" mas como o marco zero da Civilização Cristã que ainda se encontra em fase de desenvolvimento na Terra. A Bíblia representa a Codificação da I Revelação do ciclo das revelações cristãs. Depois dela vem O Evangelho, que é a Codificação da II Revelação, feita pelo próprio Cristo. E depois do Evangelho temos O Livro dos Espíritos, seguido dos demais livros da Codificação Espírita. (XIII)

A posição do professor é, portanto, muito clara em relação a esses pontos ainda hoje discutidos da Religião Espírita. Inclui-se ele na lista daqueles que admitem, com Kardec, a posição estratégica do Espiritismo na sequência das Revelações, tendo na Bíblia "o marco zero da Civilização Cristã". Guarda o Espiritismo, em relação à Bíblia, a mesma condição que tem em relação ao Cristianismo, ou seja, de livre interpretação e respeito, mas sem nenhum tipo de submissão mística.

Quanto mais avança o Conhecimento, mais se vão descobrindo as relações da obra de Kardec com as alegorias e simbologias religiosas da chamada Sa-

> *bedoria Antiga, das mais velhas religiões da Índia, da China, do Egito, da Babilônia e assim por diante.* (XIII)

Essas relações repousam sobre o conhecimento, haja vista para o fato de que o Espiritismo constitui um resumo da cultura das civilizações, ao mesmo tempo em que é uma janela para o futuro. Isso significa, pois, que o Espiritismo se utiliza daqueles conhecimentos, considerando a sua importância ao tempo em que apareceram, mas oferecendo uma visão que leva a dispensá-los, reconhecendo, simplesmente, que eles tiveram a sua época. Não se trata de um processo de eliminação de conhecimentos, mas de uma nova realidade, em que esses conhecimentos são vistos como a raiz do conhecimento atual, onde se encontram melhor desenvolvidos.

> *Há uma tendência bastante forte, no meio espírita, para um tipo de moral religiosa que se caracteriza pelo artificialismo. Compreende-se que grande número de pessoas, em consequência das heranças do passado e dos exemplos do presente, não consigam adotar outra forma de conduta. Mas não é justo que os espíritas mais esclarecidos, de mente suficientemente aberta para as novas perspectivas que a Doutrina abre sobre o mundo, continuem a formalizar-se na vida social* (XIII)

O professor sempre se volta para as lideranças espíritas, especialmente por ver nelas a principal razão para o avanço no processo de divulgação. Não compreende, pois, que essas lideranças, que aceitam a Religião Espírita, prossigam repetindo no presente o mesmo sentido artificial de outras épocas, por disporem de todas as condições para uma interpretação e uma prática efetiva, mais natural e menos formal.

> *Kardec deu como regra única de pureza espírita o desinteresse total pelos bens materiais, a fraternidade humana incondicional, o desinteresse total pelo proselitismo, o respeito absoluto às ideias e às crenças dos outros, sem a aceitação fingida e comprometedora desses erros, mas sem hostilidades à ingenuidade dos que não podem ir além dos conhecimentos primários.* [(X)]

Esses dois pontos destacados por Herculano precisam ser postos em discussão. Alguns dirigentes espíritas navegam nas ondas da dúvida no que diz respeito à interpretação das críticas, enquanto outros são definitivamente contra elas em todos os sentidos e ocasiões, o que é, também, grande absurdo. Os que navegam na dúvida podem acabar sendo levados pelos ventos fortes e fracassarem ali mesmo, onde deveriam vencer. O respeito às crenças consiste em compreender a posição do outro; isso, contudo, não significa silêncio absoluto ante o erro, especialmente quando o erro é público e pode levar outros a tomarem caminhos que mais tarde vão lhes trazer dissabores. O esclarecimento, portanto, é necessário e deve ser feito com a mesma liberdade que possuem aqueles que pregam crenças ultrapassadas.

> *O processo civilizador do Cristianismo é espiritual e não material, porque o homem é espírito e não matéria. Seu objetivo não é a quantidade, mas a qualidade. Seu método não é massivo, mas coletivo, não opera em termos de massa, mas de coletividades.* [(XXII)]

Para o professor, a ideia de que o Espiritismo deve se espalhar pelo mundo e mudar a sua face cultural está ligada à difusão natural dos seus princípios e não, como supõem alguns erroneamente, na espiritização de todos os seres. Alguns, vendo a completa impossibilidade de tornar todos os seres espíritas (nem o catolicismo conseguiu objetivo semelhante), ficam apavorados achando que Kardec fora ingênuo quando previu a popularização da Doutrina. A verdade é que os princípios espíritas estão se espalhando pela sociedade, alterando profundamente a cultura do ser humano e isto se dá pelo processo coletivo, ou seja, a civilização está definitivamente colocada no caminho espiritual em que a qualidade do conhecimento determinará o avanço dos seres e da sociedade como um todo.

Por fim, vale concluir este capítulo reproduzindo o pensamento do professor sobre Deus:

> *O conceito existencial de Deus se impõe como consequência lógica do conceito existencial do homem. Deus não se torna por isso num existente, mas no Existente Arquétipo. Se não nos é possível provar essa existência nas retortas da Química, para satisfazer a ambição das mentalidades de fichário, isso ocorre porque os limites estreitos da metodologia científica não conseguiram e não conseguirão abranger a totalidade do real.* (XXXI)

Capítulo 5

ANTE A VIDA E A MORTE, UMA VISÃO FILOSÓFICA DA EXPERIÊNCIA

O pensamento do professor acompanha as preocupações do mundo, onde está inserido o Ser, com seu destino e suas dores. Tal como a doutrina que o tomou de assalto e tornou-se seu ideal maior, a vida devia ser olhada segundo o princípio que determina a ligação entre todas as suas partes. Assim, a solução dos problemas do mundo passa, inevitavelmente, pelo entendimento das causas e o objetivo da própria vida. Esta forma de ver, auferida nas longas meditações em torno do mestre Kardec, permitia a Herculano encontrar sempre uma razão maior, segundo uma lógica irretorquível. Os objetivos precisam estar claros para que os meios a usar sejam adequados. Se os objetivos estão confusos, assim o estarão os meios.

Para ele – relembre-se, agindo sempre em conformidade com o Espiritismo – era preciso aclarar a realidade do mundo, para que o homem pudesse inserir-se nele em condições ideais de realizar o seu progresso. O Espiritismo facilita essa inserção de forma excepcional, ao mostrar as duas faces da realidade: a visível e a invisível bem como o entrelaçamento que existe entre ambas e as influências recíprocas dos seres dos dois lados. E mais, oferecendo uma visão objetiva da sociedade dos invisíveis, que serve como complemento para as dúvidas e as certezas da vida. Diante disso, não tinha o professor nenhuma preocupação de tornar a filosofia que expunha e defendia, agradável aos interesses humanos, mas conhecida da coletividade e capaz de alterar a cultura geral. Vai ele, portanto, tocar em pontos importantes com a maestria de quem sabe unir o verso do poeta à melodia do músico e à voz do cantor, para entoar a canção da vida.

> *Todo ato é um parto e todo parto é doloroso. Só podemos supor um mundo sem dor imaginando o completo desenvolvimento de todas as potencialidades das coisas e dos seres, o que não passaria de pura especulação imaginativa.* [(II)]

Para haver um mundo sem dor seria preciso um mundo perfeito. Este não é, indiscutivelmente, o caso da Terra. A questão, aqui, não é discutir as causas da dor, que estão bem claras para Herculano no plano da Doutrina dos Espíritos. É preciso vê-la no contexto do mundo, onde o labor determina a cada segundo um novo parto e a cada parto uma dor relativa. Mas o professor busca, também, deslocar a dor daquele contexto místico e inconsequente da ira divina, oferecendo esta visão para os próprios espíritas que, por imaturidade no trato com o Espiritismo, passaram a situar a dor como um elemento indispensável de tal ordem que, se não existe, deve ser procurado e, se existe, deve ser suportado a todo custo, quando, na verdade, pode ser ela o resultado da incúria que nada tem a ver com causas anteriores.

A dor é mola da experiência enriquecedora, que por sua vez é o próprio parto da cultura. Sofrer é, assim, uma consequência do trabalho que tem por finalidade fazer evoluir o espírito. Sob este ponto de vista geral, a dor que acomete o Ser nas particularidades de sua transição pelo mundo, aparece numa grande e maiúscula dor: a do parto da vida. Mas a dor tem sua função nesse parto: ela prepara o espírito para receber a cultura, de modo que ela não existe tão só por consequência do parto, o que não lhe daria finalidade maior. Uma vez que ela advém do parto, deve funcionar como um elemento aplainador do caminho, onde as experiências se sucedem e se transformam cm conquistas para o Ser, não importa, nesse momento, a qualidade das experiências, uma vez que, sendo o que são, resultarão na dor e no crescimento. Assim é que, em relação aos próprios animais, Herculano pergunta e responde:

> *Por que sofrem os animais? Sofrem porque evoluem e porque toda evolução, consciente ou inconsciente, é sempre acompanhada das dores do parto que anunciam as transições evolutivas para planos superiores.* (II)

A posição dos animais na escala evolutiva dos seres é de subalternidade em relação aos homens. São eles inferiores, mas nem por isso estão isentos da dor, o que é perfeitamente compreensível: a dor é própria do mundo em que estão situados e, se não possuem razões palingenésicas para sofrer, como o homem possui, ainda assim sofrem por estarem realizando a experiência da vida. São as experiências que os encaminharão a um degrau mais alto nessa escala evolutiva. Realizam, portanto, um parto repleto de sofrimentos, embora nenhuma razão outra exista para que sofram. Esse esclarecimento desfaz a falsa ideia daqueles que combatem a dor no processo evolutivo e apontam para os animais como quem quer afirmar a injustiça divina. Ademais, a função da dor está caracterizada psicologicamente: a dor provocada pela fome enseja a escolha de um caminho; o da violência, que o animal escolhe automaticamente, ou o da conquista com inteligência, que é dado ao homem escolher. No animal, a violência se justifica, mas no homem não. Quando surge ela no homem, remete-o ao estado de barbárie em que se encontrava quando habitante dos reinos inferiores da vida. Mas a dor é igual para ambos, o homem e o animal, configurando-se como uma resultante da experiência.

> *A dor mais insuportável se torna suportável quando nos lembramos das ameaças dos capatazes de Deus sobre as penas eternas. A ideia de uma eternidade de dores nos perturba e preferimos esperar vivos a hora do corte.* (II)

Os homens criaram a cultura da dor para subjugar os seus semelhantes. Daí a remessa a Deus, como fonte e origem dela. Mas o Deus de justiça não é o Deus da dor. Os séculos de dominação da consciência pelo pavor serviram para estabelecer essa falsa noção de dor que hoje alimenta ainda muitas almas e as faz entender o Espiritismo segundo uma ótica vesga. Como doutrina da razão, do bom-senso, o Espiritismo compreende a função da dor no processo natural de aprendizado humano. Fora desse contexto, torna-se ela uma perversidade engendrada para favorecer os mais fortes no seu esquema de dominação da alma humana.

> *Como a dor é um elemento do sensível, chegamos a outra conclusão inevitável: o mundo sem dor é uma abstração gratuita que só existiria no imaginário absoluto e inconsequente, pois a exclusão da dor implicaria necessariamente a inexistência de qualquer atividade.* (II)

O professor reforça, assim, a ideia de que é impossível habitar um mundo e desenvolver nele as experiências que encaminham ao progresso do Ser, sem que neste mundo haja a dor como consequência dessa experiência. Tal mundo só pode existir no sonho ou na imaginação, mas não no plano da realidade, onde a justiça caminha ao lado do mérito, e onde o trabalho é o único escopo capaz de gerar sabedoria. Um mundo sem dor seria um mundo sem atividades, o que, em si, já seria a pior das dores. O mundo dos cristãos irracionais não conseguiu, portanto, se concretizar e foi, assim, rompido pelo grito daqueles que, postos em condições de gozo eterno, descobriram a maior das prisões a que pode ser relegado o homem: o "lassez faire" eterno. O grito eclodiu no Universo, clamando por experiência e a dor sinalizando a conquista. Foi o cantar da galinha com a experiência do ovo. A dor anuncia a chegada do saber e o saber com a dor é a prova da conquista.

> *A experiência favorece a adaptação do homem ao mundo, mas a insegurança do homem ante a variedade das situações que enfrenta o leva a amar e manter dispositivos de segurança que são cristalizações da experiência embargando as vias de acesso ao futuro. Podemos ver isso com nitidez nas estruturas sociais de todos os tempos. As forças de defesa da sociedade convertem-se em dispositivos de repressão que as transformam em mecanismos rígidos de asfixia da liberdade.* [II]

O Ser não foi feito para o mundo material, mas serve-se dele para compreender a vida e o Universo. Sem previsão de tempo, lança-se ao mundo para, pela experiência, dominá-lo pelo conhecimento. A experiência é, pois, o seu grande trunfo para progredir, mas à medida em que age, realiza experiências em busca da descoberta de caminhos mais seguros. Ei-lo, pois, normatizando a seu favor com regras que acabarão por asfixiá-lo. Já Jean Jacques Rousseau previu isso ao tratar do Contrato Social e destacar o valor da liberdade natural. Mas, em determinado grau de civilização, não encontra o homem outra saída senão privar-se a si próprio de um pouco de liberdade em troca de maior segurança, até poder constatar, pela dor da experiência, que será preferível experimentar sem perder a liberdade.

> *Os jovens não entram no cenário terreno empunhando armas. Chegam fracos e inscientes, desprovidos de experiências, de cabelos negros e doirados, sem a marca branca e impiedosa do tempo. Mas trazem nas suas mochilas secretas, sob a capa de sorrisos ingênuos, o seu arsenal de conceitos, de ideias vivas e dinâmicas, que vão aos poucos lançando no pano verde dos cassinos da ambição, em lances que vão deslizando como fichas de marfim com efeitos agressivos, gotas detergentes de verdade nas engrenagens da ambição e da mentira.* [(II)]

O mundo das experiências sofre a constante renovação dos seres que, ao envelhecerem, devem ceder lugar aos jovens. Mas o mistério da vida reserva a arma do nascer de novo, fazendo com que os velhos se tornem jovens e estes velhos, para que, assim, a experiência repetida fixe o conhecimento e o sentimento, com a asa emplumada da razão. O Espiritismo favorece a compreensão dessa renovação contínua, pois que é uma doutrina capaz de mostrar com clareza a engrenagem do planeta, constituída de uma face visível e outra invisível, interligadas pelo fio vivo da mediunidade. O novo serve para pulverizar de óleo as engrenagens que se vão enrijecendo; quando este óleo não é suficiente, o novo substitui a engrenagem. É preciso, portanto, renovar sempre, pois "o permanente no mundo é a mudança".

> *Deus fala ao homem através de Suas leis. Estas, que são eternas, representam a presença do imutável no mutável, da eternidade na transitoriedade. O momento que passa não é uma ilha no tempo, nem um ponto no espaço, mas um fluir: o fluir da duração.* [(VIII)]

O professor utiliza os princípios espíritas para analisar a vida. É assim que une a alma imortal à lei eterna, que regula a vida, dando-lhe a sonoridade daquele que a fez. Mas não se deve entender que essas leis sejam a única forma de manifestação do Pai, nem que Ele só nos fale através do silêncio delas. Esta seria uma posição extremamente fria e calculista. As leis de Deus expressam a Sua vontade e regulam a harmonia. Os filhos lhe respondem ao desejo enquadrando-se nessa harmonia ou integrando-se aos regulamentos, plenos de justiça e liberdade. Mas a voz dos filhos, em sua linguagem específica e segundo as experiências que realizam, é ouvida e respondida pelo Pai, segundo o grau de sinceridade e a força da vontade que impregnam a comunicação entre um e outro. É assim que vive o Ser "no fluir da duração".

> *É assim que a realidade cósmica, não acessível à inspeção completa do homem, fica ao seu alcance graças à estrutura de leis regulares e universais, que lhe facultam as ilações necessárias a uma visão geral do Universo.* (IX)

O Espiritismo ensina e o professor o confirma: a experiência conduz ao progresso e este confere ao Ser a capacidade de integrar-se ao Universo. As religiões do passado quiseram realizar o seu trabalho retirando o homem do mundo e lhe oferecendo, em troca uma vida sem atividades, vazia e cansativa. A Religião Espírita vem repor o homem no mundo, como se lhe estivesse dizendo que sem a realidade da experiência não há verdade na vida.

> *A evolução humana se processa no concreto em direção ao abstrato, o que vale dizer da matéria para o espírito ou do corpo para a alma. Na linguagem platônica diríamos: do sensível para o inteligível.* (IX)

Se a visão real do mundo favorece a inserção do homem nele, a compreensão do papel da Religião, segundo o Espiritismo, ajuda a encontrar os meios para facilitar ao Ser a realização de suas experiências. A carga cultural acha, assim, os meios adequados para se suprir das novas verdades e renovar-se. Fora do contexto do mundo, alheio às experiências que deve realizar, o homem não encontra meios de avançar. Toda doutrina, portanto, que não compreende essa verdade não pode ser favorável ao Ser.

> *O processo de desenvolvimento espiritual do homem é vasto e complexo, abrangendo milênios e envolvendo aspectos demasiadamente complexos, que o Espiritismo procura esclarecer de maneira racional, mas não pretende submeter a nenhuma transformação violenta.* (XV)

Herculano toca aí num ponto dos mais importantes: a cultura atual está repleta da ideia das transformações imediatas. O mundo do final do século XX e início do século XXI é o mundo da impaciência, em que o Ser deseja o novo mas não está disposto a gastar longo tempo em sua experimentação. É por isso que as religiões imediatistas ganham largo terreno neste momento, oferecendo conquistas prontas e as facilidades irreais, que só mais à frente o homem descobrirá que são ilusórias. Junte-se aí as aquisições imaginadas em vidas e vidas, de um sossego no reino das sombras, adquirido com moedas de ouro, na suposição de que a alma pecadora pudesse transformar-se em iluminada aos olhos de Deus, por ação de seus supostos ministros e através das unções e rezas. Toda esta ilusão está retida na carga cultural do homem, levando-o ainda hoje a repetições frustradas do passado, mas o Espiritismo, que o professor guarda e usa idealmente, mostra a complexidade do desenvolvimento espiritual e a necessidade de compreender que as transformações deverão ser realizadas natural e lentamente, sem nenhuma pressa ou violência.

> *Deus é o espírito infinito, o Criador. Nós somos as criaturas, espíritos finitos. A ideia de Deus nos dá a perspectiva do Infinito. A ideia do homem nos mostra a estreiteza do finito. O Infinito é aquilo que não podemos conceber, pois a nossa mente finita não pode abrangê-lo. Deus é o Ser dos seres e tudo abrange na sua onisciência e na sua onipotência. O homem é o ser entre os seres, pequenina criatura apegada à crosta de um diminuto globo, de um grão de areia dos desertos da imensidade.* (XV)

É pois, a visão cósmica que compreende o Ser.

A CAMINHO DA VISÃO CÓSMICA

Todo o raciocínio do professor se desenvolve no sentido de levar o aluno a compreender, pelo caminho mais curto possível, o porquê da vida. A Doutrina Espírita é um resumo cultural da humanidade, capaz de proporcionar essa experiência inusitada. Mas o que Herculano compreende, sabe-o ele, nem sempre será igualmente compreendido pelo aluno. Assim, o caminho é o da exposição que excita o raciocínio e o faz soltar-se das limitações a que está submetido, buscando cada vez mais altura, porque quanto mais alto é o voo maior será a visão do conjunto.

> *Remontando às raízes históricas dos conflitos que nos atingem, poderemos mais facilmente impedir que eles continuem agindo no futuro.* (XXIX)

O conhecimento da sua realidade interior é a única maneira de que dispõe o homem para realizar as transformações de que necessita. Mas, ao contrário do que muitos pensam, a realidade interior não vai mostrar apenas situações de ordem moral, sequer estas deverão ser obrigatoriamente em maior quantidade ou constituir-se em mais importantes. Antes de mais nada, aquela realidade deve expor a carga cultural que forma o arcabouço das ações do ser, onde se encontram as razões que o comandam. É o "automatismo" de que fala André Luiz, mas é também toda experiência acumulada no plano do sensível. O conhecimento não ocupa espaço, segundo a sabedoria popular, mas não se ignore que o conhecimento defasado não deseja ceder lugar àquele que o vai atirar ao léu. Há uma sequência de experiências realizadas de forma geral, pelo homem, que esclarece muita coisa.

> *É pelo sentimento, e não pelo raciocínio, que o homem primitivo humaniza o mundo. A razão se forma na experiência. O homem enquadra o mundo nas categorias nascentes da razão, enche essas categorias, como queria Kant, com o conteúdo das sensações.* (VIII)

O Ser está profundamente ligado ao planeta. As experiências aqui começaram há milhões de anos, objetivando uma integração entre a natureza e o homem, para que ambos caminhassem juntos. As experiências do Ser são experiências ecológicas, de relação permanente com o meio, de troca incessante.

A princípio, a natureza fornece os ingredientes para o Ser realizar suas experiências; à medida em que elas se dão, o Ser devolve à natureza o que dela recebeu, acrescido do saber, que a aprimora. Sentimento e razão vão, assim, se desenvolvendo via experiências que se renovam, realizadas por seres que também se renovam, espíritos que nascem e renascem, corpos que crescem e se aprimoram, dando sempre lugar a outros corpos e assim sucessivamente.

> *A crença na sobrevivência decorre de experiências concretas do homem primitivo, e não de formulações do pensamento abstrato. Sua origem está nas sensações, e não na cogitação filosófica. Esse ponto central, que Spencer soube ver. Usando o método comparativo, Bozzano mostra como a tese de Spencer pode ser desdobrada ou ampliada, com o acréscimo dos fatos metapsíquicos, para tornar-se plenamente verdadeira.* (VIII)

Aquilo que para alguns é o resultado de experiências místicas é para a inteligência cósmica, que consegue olhar o planeta no seu conjunto harmonioso com a natureza, a consequência das "experiências concretas". O professor fala da crença na sobrevivência e a remete às sensações, donde se originou no homem primitivo. Esta conclusão, corroborada por outros pensadores, é importante na medida em que lhe confere base científica, retirando-a do terreno movediço da fé sem a razão.

> *Da mesma maneira porque o contato do homem com o espaço físico lhe fornece uma medida para aplicar às coisas exteriores – a categoria espacial, o conceito de espaço – assim também o contato com os fenômenos espirituais lhe fornece uma medida espiritual que é conceito de espírito.* (VIII)

Assim, à crença na sobrevivência o homem juntou o conceito de espírito, esse mesmo espírito que Kardec vai delinear com a maior segurança para o homem moderno, prestes a entrar na Era Cósmica. Desde o seu estado primitivo vive o Ser a experiência num mundo envolvido por espíritos misteriosos, invisíveis, que lhe respondem às evocações e lhe oferecem conselhos na medida de sua capacidade. Essa relação comunicativa vai gerar uma série de resultados, a princípio mágicos, mas posteriormente racionais.

> *Os resíduos mágicos, anímicos e mitológicos do horizonte tribal e do horizonte agrícola apresentam-se ainda bastante fortes no mundo contemporâneo. Nossas religiões mostram-se poderosamente impregnadas desses resíduos. Mas o antigo Egito oferece-nos, talvez, o quadro que melhor demonstra a passagem dos deuses-familiares para a categoria dos deuses cósmicos ou universais.* [(VIII)]

O Espiritismo não tem a pretensão de superar as culturas religiosas dominantes, sem sofrer delas certas influências. Embora a preservação doutrinária escoimada de enxertos seja o ideal, na prática as coisas acontecem de modo diferente. A pureza doutrinária só pode ser encontrada nas obras da Codificação, em sua língua original. A partir das traduções e no momento em que a Doutrina passa ao mundo das experiências, as culturas, de forma geral, tendem a acomodar-se a uma série de situações. As razões para isso estão bem expressas na carga cultural, nas heranças que o Ser traz de suas experimentações anteriores. Toda a simbologia que domina as religiões tem sua origem nos horizontes mais antigos da civilização, como relembra o professor. No momento em que surge uma doutrina que dispensa a simbologia, especialmente no seu aspecto de prisioneira do pensamento humano, encontra o Ser totalmente fragilizado e, de fato, praticamente incapaz de realizar este ideal em toda a sua grandeza. Eis a razão pela qual, no campo prático, do uso dos princípios doutrinários na vida de relação ou na experimentação do Centro Espírita, o Ser se vê assaltado de incompreensões de diferentes graus. Assim, a qualidade da prática resultará da maior ou menor dominação que esses horizontes culturais exercerem sobre o Ser, e do seu esforço para superar as próprias limitações.

> *O "horizonte agrícola" permanece subjacente em nossa mentalidade moderna. Ainda não consegui-*

mos libertar-nos de suas fórmulas agrárias, de seus deuses e seus cultos, carregados de sacrifícios animais e vegetais. O "horizonte civilizado" desenvolve-se sob signos agrícolas. Mas virá, por fim, o momento de transição para o "horizonte espiritual", que assinalará uma fase de transcendência na vida humana. (VIII)

Herculano vê por toda parte as marcas desses horizontes antigos, marcas essas que denunciam a ligação do Ser àquele passado. Essas marcas estão entremeadas de outros apegos de épocas mais recentes, já dentro do horizonte civilizado. Como "Deus põe e o homem dispõe", as marcas divinas ficam quase sempre nubladas pelas mãos do homem (quando não, por seus pés). Mas o professor deixa vibrar todo o otimismo do seu coração ao apontar para o "momento de transição do horizonte espiritual", constatando que esse momento será de transcendência para o Ser. Enquanto isso, é preciso estudar a realidade do mundo, no seu momento que passa, onde se verifica todo um contexto de dúvidas e influências, principalmente em relação à sustentação de experiências morais imediatas.

Seria muito difícil e demasiado ridículo para nós, pisarmos no limiar da Nova Era com a esmagadora carga de incompreensões e resíduos selvagens e mitológicos de que não queremos nos desapegar. (II)

A questão aqui está diretamente relacionada aos espíritas, especialmente aos trabalhadores e líderes. A compreensão dessa situação passa, indiscutivelmente, pela compreensão da realidade cultural de cada ser. Para o ignorante de certas coisas, o ridículo costuma ter uma dimensão reduzida, às vezes inexpressiva; para o Ser esclarecido o ridículo cai como um peso esmagador, causando uma dor profunda de ordem moral. Herculano, ao visualizar essa dor, chama para si a responsabilidade de induzir o discípulo a aprofundar o processo de mudança interior, alterando o conteúdo de sua bagagem cultural e uma das reformas consiste em eliminar os "resíduos selvagens e mitológicos" que se expressam na modernidade por um comportamento de inércia perante a ilusória possibilidade de ascensão a planos de vida felizes, no mundo espiritual, e reencarnações aquinhoadas, no futuro, algo como alcançar de graça certas "graças".

> *O ser prático ou o ser teórico, apegados aos aspectos normativos da aquisição de experiências e sua assimilação, podem errar com mais liberdade suas diretivas existenciais. Mas o ser moral, que acumulou experiência e saber, aprimorou sua capacidade de intuição, tem o dever de manter-se vigilante, ativo e destemido no plano de ação de sua jurisdição.* (II)

O Ser Moral de Herculano é aquele que conseguiu alcançar a visão cósmica da vida, podendo, com isso, vislumbrar o mundo em sua generalidade e sobre o qual as paixões, que são detalhes dentro de uma realidade maior, não devem exercer a mesma atração que exercem sobre o homem prático ou teórico.

> *A tendência natural do homem para o mistério e o maravilhoso excita os ânimos e leva criaturas e grupos humanos a verdadeiros delírios, em que os valores da civilização submergem no pântano das paixões.* (VI)

O professor não distingue, aqui, adeptos ou criaturas profanas. Fala ele para o leitor, indistintamente, como quem constata, com certa tristeza e ao mesmo tempo lástima, uma realidade que se apresenta aos olhos humanos. Mas o espírita esclarecido, aquele que já alcançou as noções básicas da vida em sua dimensão cósmica, pode e deve tornar-se capaz de superar as águas lodosas dos devaneios perigosos, enfrentando de peito aberto a luta do século.

> *O Mito do Terceiro Milênio, que muitos espíritas aguardam com a ingenuidade dos judeus que ainda esperam o Messias e dos cristãos que aguardam a volta de Jesus entre as nuvens, com revoadas de anjos ao redor, enquanto catástrofes punitivas devastarão o planeta, não passa de interpretação errônea e supersticiosa de um arquétipo coletivo: o anseio dos homens por um mundo feliz, despertado nas criaturas pela realidade longínqua das realizações ainda em lenta progressão na Terra e já atingidas no Cosmo por mundos mais antigos que o nosso.* [IX]

Agora que estamos atravessando os umbrais do terceiro milênio, pode o Ser constatar que muitas falsas profecias se desvanecem ao sopro da leve brisa da realidade. O terceiro milênio não realiza e não promete realizar os sonhos de formação de uma grande civilização terrena. Ainda! Outros milênios, mais à frente, conseguirão, sim, admirar o resultado dessa grande batalha do Ser. Mas ao Ser cabe a tarefa de construir o mundo superior que sonha para a Terra.

> *A preguiça mental e a atração magnética do passado encarceradas em si mesmas, mostram-se incapazes de um gesto de grandeza em favor de realizações urgentíssimas. Por isso a dor explode por toda a parte, em vagalhões enfurecidos. A dor aumentará, porque só ela pode arrancar os insensíveis de suas tocas.* [X]

DO SEXO À POESIA E O DESTINO DO BELO

O olhar atento do professor perpassa os principais problemas da vida sem perder de vista o complexo de suas ligações e as dores das experiências humanas. Herculano é a voz equilibrada e profunda, que todo aluno gostaria de ter; é a autoridade mansa e generosa, mas firme e franca, como soem ser somente os Espíritos bastante experimentados nas lides cósmicas.

No mundo, as coisas e seus valores costumam inverter-se e, não raro, subverter-se. O professor vê com serenidade cada pensamento e cada partícula do conhecimento. Sua ação diante dos estudiosos supera a mediocridade, para conferir valor ao que de fato possui, e negá-lo onde ele só existe em aparência. É, por isso, amigo dos grandes pensadores, dos antigos aos modernos, destacando com naturalidade o resultado de suas análises e pesquisas, mas não os apontando menos quando expressam suas próprias idiossincrasias.

A atenção de Herculano está concentrada no caminho do homem, esse terreno fértil por onde transita e realiza suas experiências. Não lhe é possível, portanto, tergiversar aí, diante da enorme responsabilidade que se apresenta para todos aqueles que escolheram o ideal do crescimento do Ser.

Mas quem direciona e ilumina sua atenção é o Espiritismo, cujo timoneiro insubstituível foi e continua sendo Allan Kardec. Ocorre que o mesmo meio onde o Ser se instala para se realizar torna-se às vezes perigoso pela própria presença do Ser. Ao filósofo, em especial aqueles que sentem até à medula o que é de fato ser condutor de homens, a coragem de dizer as verdades do momento jamais falta. E Herculano fala, com autoridade.

Em nossos dias, nos quadros do humanismo cristão, como se fazia nos quadros do humanismo grego, não podemos negar tolerância às vítimas de um desequilíbrio sexual que marginaliza tantas criaturas. Esse desequilíbrio, entretanto, não pode ser disfarçado com os artifícios de uma normalidade convencional. Seu lugar é na classificação patológica. Aceitar uma aberração como normal só porque ela se expande é o mesmo que considerar o roubo, o assassinato, a traição ou os aleijões como normais. Quem carrega essas cargas merece amparo, compreensão e auxílio, mas admiti-lo nos quadros da normalidade seria estimular as deformações do comportamento ou, no caso dos defeitos físicos, desfigurar a concepção do homem na sua estrutura e aparência normais. [(XXXIV)]

É verdade que os portadores dos desvios sexuais merecem compreensão e tolerância. Os seus problemas devem e precisam ser analisados. Mas os aventureiros do conhecimento e todos aqueles que não levam consigo o germe da responsabilidade desejam fazer do desequilíbrio uma normalidade, tão somente porque veem o desequilíbrio multiplicar-se. O professor não aceita esse posicionamento e fere a questão com sua lógica: "aceitar uma aberração como normal... é o mesmo que considerar" tantas outras, como "o roubo, o assassinato, a traição ou os aleijões como normais". Compreender e amparar os portadores de anomalias é um dever cristão, mas alterar a classificação dos fatos para acomodar interesses é trair a verdade.

Em todas as espécies: minerais, vegetais, animais, com plena consciência, na espécie humana o critério teológico, referente à finalidade, o normal é o que se enquadra na definição de Durkheim, ou seja, o que é bom e justo. O bom e o justo correspondem a finalidades claras e evidentes. A finalidade genética do sexo define de maneira irrevogável a sua nor-

> *malidade. Toda prática sexual que não corresponda à sua finalidade ao mesmo tempo equilibradora, produtora e reprodutora do organismo humano é anormal, acusando disfunções e desvios mórbidos no indivíduo e no grupo social.* (XI)

O professor oferece, pois, a referência em que o Ser deve basear-se: o bom e o justo. E dá ao sexo o seu posicionamento de função "equilibradora, produtora e reprodutora", acabando com a falsidade dos que entendem o sexo com apenas uma das suas reais finalidades, estejam esses em que segmento social ou agrupamento for. Desfaz, também, a posição dos que condenam os pensadores comprometidos com a moral do Ser, taxando-os de moralistas, apenas. Não! A verdade é outra. O Ser equilibrado compreende o equilíbrio e não mente nem falseia, não cria situações anômalas nem as deseja ver consideradas normais. Não se compromete com os interesses em jogo, para não ajudar a enterrar na vala comum da mentira o conhecimento que liberta. O sexo promove o equilíbrio das energias orgânicas, é produtor de outras tantas energias que se destinam a manter o próprio equilíbrio do homem e tem finalidade reprodutora da espécie. Não tendo essas três funções, o sexo deixa de ser bom e justo para se tornar anormal.

> *O anseio sexual da criatura humana não se restringe ao ato sexual. Esse anseio provém da necessidade de comunicação, de relacionamento e particularmente de sintonia com uma criatura afim.* (XXXII)

O sexo não pode ser visto apenas como um ato inconsequente, que o ser pratica em decorrência de impositivos fisiológicos. Sexo é energia criativa que o Ser utiliza nas ações ao longo da experiência terrena. O professor o vê ainda de forma mais ampla, como instrumento que aproxima pessoas e define relacionamentos que podem ultrapassar a própria existência física, pelo espaço cósmico sem fim, em jornadas terrenas repetidas e continuadas. Aí, torna-se o sexo um instrumento de comunicação. Uma vez que o Ser se sintoniza com o outro, estabelece uma comunicação permanente e realiza o ato da criatividade, em renovação intensa de energias. O ato sexual é, pois, apenas um instante dessa comunicação maior, dessa troca de energias permanente.

> *O erro dos teóricos atuais da sexologia é admitir que essa energia criadora deve ser liberada em favor do prazer, da satisfação sensorial, dos gozos passageiros e ilusórios que o homem vulgar considera como elemento de sua realização viril.* (XXXIV)

O homem relacionou a virilidade ao sexo e determinou que o macho é a representação dessa virilidade. No entanto, o professor demonstra que a virilidade não é em si mesma expressão do machismo, mas componente moral dos Espíritos Superiores. A virilidade que se aloja no sexo é subversora da normalidade. Quando o anormal assume o lugar do normal, a energia criadora proveniente do sexo se transforma em possibilidades de realização superficial, onde o simples prazer adquire importância vital.

> *O amor humano impele o ser à posse sexual. Mas quando essa posse não dá a satisfação desejada surgem os impulsos destruidores, manifesta-se o sadismo, que sem condições de impotência para martirizar os outros transforma-se no masoquismo, na tentativa de autodestruição. É nesse momento que vemos no amor sexual as manifestações de antropofagia. A luxúria leva o amante a querer devorar a criatura amada, mordendo-a, dilacerando-a. O ciúme leva à contradição de matar por amor. Tudo isso quando a mente ainda não se iluminou suficientemente com as luzes da razão. O sentimento moral está asfixiado pela loucura dos*

> *instintos. Predomina a natureza inferior, os impulsos do animal sufocam a consciência imatura.* (XXXIV)

Baseado no egoísmo, pai de todos os vícios no dizer de *O Livro dos Espíritos*, o sexo perde conteúdo e desce ao seu estágio mais simples: o animal. Neste momento, torna-se capaz de originar os maiores desvios, as perversões mais incontroláveis. Quando o Ser alcança o estágio de poder dar-lhe alguma sublimação, torna-se fonte de energia inigualável, além de expressão do amor, sem perder intensidade de sentimento. As "luzes da razão" são as únicas capazes de promover o equilíbrio das forças sexuais e levar o Ser a avançar em sua experiência, considerando o sexo como elemento de sua vida na Terra. Não é ele aí algo impuro, como o desejaram transformar as doutrinas religiosas baseadas no amor superficial, nem elemento máximo do prazer na Terra. Sendo compreendido em suas funções, tornar-se-á na prática uma importante experiência na grande tarefa de realização do ideal humano, segundo as propostas superiores do amor.

> *O sexo masculino define a personalidade normal do homem nas suas funções criadoras. O sexo feminino define a personalidade normal da mulher. Confundir alhos com bugalhos é tática de negociantes fraudulentos e inescrupulosos. Dizer a um adolescente que se sente dominado por impulsos negativos e procura livrar-se deles: "Isso é normal, arranje um parceiro" é atirar o infeliz na roda viva de um futuro vergonhoso.* (XI)

A vergonha, para o professor, não está simplesmente na relação de dois sexos iguais, mas na constatação da inversão de valores em relação ao verdadeiro amor. Quando o sexo assume em si mesmo a principal meta da vida, ou quando se torna a bengala da realização criadora, abre as portas dos desvios e força a mudança da ordem das coisas. Daí o aparecimento de toda uma conjuntura social que tenta dignificar as relações anormais; ao lado dela aparece uma estrutura econômica dominadora, subversora da moral, a estimular o crescimento desse estado de coisas, do que resulta um quadro social dos mais conflitantes e irresponsáveis.

> *Uma jovem angustiada pediu à mãe que a levasse a um psiquiatra sacerdote, com medo dos outros. A mãe a levou a respeitável clérigo que se dizia especialista em Psiquiatria. Mal entrou no consultório, sem que lhe permitissem a companhia da mãe, o terapeuta a encarou sorrindo e perguntou: "Você tem um amante?" Ruborizada, ela voltou para a sala de espera e fugiu com a mãe. A senhora de um jovem engenheiro procurou famoso psiquiatra. Ele lhe deu a receita: "um amante". Ela o encarou com espanto e exigiu a devolução do dinheiro da consulta: "Não vou pagar com o dinheiro do meu marido, ganho honestamente, os chifres com que o senhor deseja adornar a sua cabeça." Uma senhora idosa recebeu a mesma receita e disse ao médico e professor de medicina que a atendera gentilmente: "Dr., não tenho experiência nesse assunto. O Sr. me cede sua mulher para o meu aprendizado prático?" Um homem de seus trinta anos ouviu do psiquiatra: "O senhor não satisfaz os seus impulsos apenas com mulheres, precisa de um homem". O cliente arrancou um punhal do colete e o doutor escapou pelos fundos do prédio. Um adolescente ouviu de seu médico este conselho: "a cura está nas suas mãos. Assuma a sua responsabilidade de homossexual e viva a vida que Deus lhe deu". O rapazinho lacrimejou e respondeu: "Não posso, doutor, quero ser um homem". O médico disse impassível: "O homem deve ter coragem para tudo".* [(X)]

Diante do quadro terrível da sexualidade no mundo atual, pensadores inúmeros lutam para validar situações que julgam de fato e de direito, entendendo estar aí a solução dos problemas. Ficam em paz com a sociedade e alcançam, muitas vezes, benefícios para seus próprios dilemas. Herculano poderia juntar-se a essa grande massa de seres que exaltam a suposta importância do prazer irresponsável, mas preferiu manter a postura coerente do equilíbrio, afirmando a verdade e condenando tudo aquilo que contribui para aumentar a dor.

> *A natureza dialética da sexualidade (...) exclui a possibilidade de um terceiro sexo.* (XXXIV)

Como se vê mais uma vez, não se trata de uma condenação pura e simples do sexo desviado, mas de uma análise racional e dialética da questão. Vendo no sexo mais do que instrumento do prazer, ou seja, entendendo-o como instrumento de comunicação dos seres, pelo qual os humanos se descobrem nas afinidades, o professor fecha o tema com clareza, pelo menos no que diz respeito aos pontos em que se determinou apreciar. E com a mesma determinação, combate os desvios da interpretação doutrinária:

> *Enganam-se as entidades espirituais e os estudiosos humanos do Espiritismo quando atribuem a responsabilidade dos desvios sexuais à reencarnação, aludindo ao problema das mudanças de posição sexual de uma encarnação para outra. Sabemos hoje com segurança que a sexualidade é um sistema de polaridade não adstrito à forma específica do aparelho sexual. Na verdade, a sexualidade é a fonte única dos dois sexos, o masculino e o feminino. Para a mudança de sexo na reencarnação, em face da necessidade de experiências novas no plano evolutivo, basta a inversão da polaridade na adaptação do espírito ao novo corpo material. Essas inversões se processam no perispírito, como ensina Kardec.* (VII)

Muitos cobram dos espíritas um posicionamento em relação à sexualidade humana, e alguns espíritas, desejosos de atendê-los mas sem a devida qualificação, saem pressurosos a dizer falsidades acerca da questão. E vão buscar no passado conclusões que a razão não sanciona nem a ciência comprova, no que são acompanhados por Espíritos também ignorantes das verdades. Herculano remonta a Kardec a sua argumentação; de fato, lá está, em *O Livro dos Espíritos*, a seguinte afirmação: "os sexos dependem de constituição orgânica", seguida da explicação de que o mesmo Espírito pode animar um corpo feminino ou masculino, pouco se lhe importando tal condição, mas tudo dependendo das experiências porque deve passar. Vale, portanto, deixar enfatizado que:

> *Ver num jovem efeminado a reencarnação de uma mulher pervertida é fugir à realidade universal das perversões masculinas, sempre mais brutais que as femininas.* (X)

O mesmo raciocínio serve para outras tantas questões, nas quais os apressados acabam derrapando doutrinariamente, em vista de cederem a uma necessidade quase mórbida de terem respostas para tudo, sem o controle da razão.

O SER DIANTE DA VIDA E DA MORTE

> *Preparar para a vida é educar para a morte. Porque a vida é uma espera constante da morte.* (XXVII)

A proposta de uma vida que espera pela morte é apavorante para a cultura que valoriza a vida material e não contempla a invisível. A ideia de que a vida verdadeira não está aqui, mas além das aparências, como o Cristo afirmou, constitui uma verdade a antepor-se a essa cultura, embora pareça em si uma contradição quando se chama a atenção para a necessidade de experiência do Espírito no plano terreno. Na verdade, a experiência deve ser vista como etapa de um Espírito em evolução, sempre levando em consideração que a própria existência do planeta Terra é transitória. Cada vez que reencarna, o Espírito desenvolve experiências e enriquece seu patrimônio cultural, avançando. Mas suas reencarnações são sempre sucedidas pela morte, ou desligamento do corpo físico, daí a assertiva do professor para o fato de ser a "vida (na Terra) uma espera constante da morte".

> *A morte é um fenômeno natural, de natureza biológica, no qual se verifica o esgotamento da vitalidade nos seres pela velhice ou por acidentes fisiológicos.* (XXVII)

O processo natural da vida física no planeta leva à velhice. Só não a alcançam aqueles que, por razões outras, têm sua vitalidade comprometida no meio do caminho. A vitalidade ou fluido vital é o que dá movimento ao corpo e possibilidade da sua união com o Espírito. A morte é, portanto, "um fenômeno de natureza biológica". Eis como deve ser naturalmente encarada. Mas tanto a morte quanto a velhice costumam ser vistas pelos seres humanos como estados negativos, pelos quais, se fosse possível, ninguém gostaria de passar. Eis aí o engano.

> *Só há uma maneira de fugirmos ao envelhecimento, que é preservando a nossa liberdade espiritual, pois o espírito não envelhece. Os que se fazem independentes em meio à servidão geral podem sorrir, como Voltaire, da arrogância dos estúpidos, covardes e venais, que esmagam os indefesos com os recursos de suas castas exploradoras, em nome de Deus e das instituições criadas pelos egoístas.* (II)

Como pode a liberdade espiritual se antepor à velhice, se esta é inevitável? Ora, a velhice é do corpo e só alcança plenamente o Espírito quando este não concebe desfrutar da liberdade que possui, de superar a decadência física e manter-se apto, consciente e, portanto, ativo. Sem liberdade o Ser se amesquinha, dobra-se às imposições do tempo e nele se perde, como se perdeu Sartre e tantos outros. Eis a boa filosofia de Herculano.

O OCEANO NÃO CABE NA ÂNFORA DE ARGILA

Um rápido encontro com a veia poética e romântica de Herculano Pires talvez feche este capítulo de forma sentimental, contrabalançando com a aparente rudeza de suas colocações anteriores. É a prova de que no coração de um idealista convicto, cuja coragem não conhece barreiras e cuja vida parece estar vinte e quatro horas por dia voltada para as grandes e intermináveis discussões, também vibram sonhos e quimeras.

Mas este encontro serve, acima de tudo, para mostrar que mesmo aí, neste terreno extremamente audacioso para um Espírito viril, continua mandando o ideal, por que é ele que dita as normas e constrói os adereços que vão ornar as belas construções gramaticais.

O idealista também sonha e no seu sonho palpita o mesmo sentimento do bem e do justo, pelo qual se consagra em todos os terrenos literários por onde passa. E por onde passa é sempre o professor que aprendeu com o mestre e que deseja despertar o aluno.

> *Desesperado, quis atirar-me às ondas e correr ao seu encalço. Mas as pernas não me obedeceram. Estavam rijas, fincadas na areia, como estacas. Quis então gritar para aquela visão que me aluci-*

> *nava, mas a voz se recusou a sair. Minha garganta estava rígida, nem um só dos seus músculos se movia. Nesse momento, como percebendo a minha angústia e se apiedando de mim, Joshua, o Rabi de Nazareth, voltou-me o seu rosto, que banhava nas trevas, sorriu e continuou andando, os pés diáfanos e leves mal tocando as ondas.* (V)

A dureza da vida ganha encanto e se projeta no cosmo, na imensidão incomensurável do Universo, viajando até onde chegam suas forças. A ficção, di-lo-ia o professor, antes de ser o sinal de atraso é o instante em que o ideal se encontra com a esperança, unindo-se a ela e produzindo o amor. Herculano refrescava suas andanças com instantes incríveis de ingênua alegria, seja enfeitando a pequena árvore de Natal com bombons adquiridos no mercadinho ao lado, seja rabiscando com sua velha máquina de escrever poesias e romances.

> *Nos baixos do Viaduto de Santa Ifigênia, os mendigos de São Paulo construíram o seu Pátio dos Milagres. Quando o deus de aço dos séculos cansar de olhar as torres da igreja e puxar novamente o braço, os mendigos microscópicos serão transformados em poeira. E não haverá, nisso, nenhuma calamidade. Porque a rosa nasce para fenecer, e os mendigos para morrer. Acima das rosas e dos mendigos, dos viadutos e do tempo, a eternidade espera todas as coisas, com a mesma inalterável paciência.* (VI)

O belo, que eleva o sentir, não elimina a virilidade do pensador. Antes, dá-lhe um sabor, quando não bem compreendido, amargo, como o remédio, e tão necessário quanto aquele para curar os males de um sentimentalismo menor que só aumenta as dores. Se "a eternidade espera todas as coisas", melhor não esperar a eternidade para romper e sair do casulo, porque o belo só pode ser sentido, e seu sabor provado, por aqueles que conseguem alçar voo rumo às profundas ondas de um fluido cósmico, de onde o Pai retira toda a argamassa para sua construção.

> *Josué, o mendigo, sabe que as mulheres são a alma da cidade. São elas que derramam a maior quantidade de níqueis, diariamente, no seu velho chapéu de pedinte. Os homens passam indiferentes, lerdos e pesados, em arrancos de tratores, ruminando os seus instintos. Não veem, nem ouvem os seus lamentos. Mas as mulheres arqueiam docemente as sobrancelhas, enternecem os olhos, amaciam a voz, estendem as mãos em gestos maternais, e as moedas caem, numa chuva de alegres tinidos, cantando no fundo do velho chapéu de mendigo.* (VI)

Alma nenhuma, neste mundo em que os corpos pesam de verdade, há de andar pela vida olvidando os encantos da natureza, o bem que verte das seivas, e os sentimentos que se apuram nos sofrimentos do Ser. Tudo isso leva o nosso professor a encerrar sua alma no Supremo Arquiteto:

> *Deus*
> *Inteligência do Universo, causa primária.*
> *Tudo o mais: palavras!*
> *Pode, acaso, a ânfora de argila conter o oceano?* (XII)

Capítulo 6

A VOZ DA RAZÃO QUE CLAMA NUM DESERTO DE SONS E SILÊNCIOS

Para o capítulo que fecha este breve estudo, reservei deliberadamente a veia forte e firme do professor. Não sendo este um estudo biográfico, embora também não bibliográfico – por todas as lacunas que nestes terrenos têm – alimenta o objetivo já declarado anteriormente de reviver uma parte importante e indispensável do pensamento daquele que foi o maior e mais destemido defensor de Kardec e da razão que brota inequívoca da obra espírita. O ponto culminante deste estudo é ainda o mais polêmico, porque apresenta o terreno onde o professor disputou a parcela da verdade que o animou a vida toda.

Aqui, Herculano rendeu-se totalmente ao ideal e se fechou para os ecos do grande grito que deu, em meio a estas plácidas paragens que compõem o Planalto Paulista. O professor ousou sempre, até mesmo quando fora preciso colocar em jogo velhas amizades. O Ser que se inicia neste terreno logo percebe o quanto é movediço. As sociedades, em todos os seus estamentos, criam situações perversas para os amigos da justiça superior. E para deixá-las ainda mais complicadas, misturam num mesmo local seres que se amam e se admiram, mas que, mais tarde, devem digladiar no ringue armado dos interesses. E vão dividir-se irremediavelmente, porque "a rosa nasce para fenecer, e os mendigos para morrer".

O exemplo do professor ele o deixou alicerçado em irretorquíveis pensamentos. É para isso que nos direcionamos. Pouco, agora, importa discutir, defendendo-o ou acusando. O que vale é navegar nas ondas deste pensamento e saborear o aroma de uma peleja que deixou sua marca indiscutível, e que revela nos seus meandros uma invejável ânfora de energia que somente os homens decididos, justos e bons, conseguem juntar: a coragem de dizer e viver!

Os pensamentos não serão, portanto, revividos na suposição infantil de abrir antigas feridas, mas no sentido de mostrar quanto vale ser amigo de um professor que, como poucos, soube entender o mestre e aproveitá-lo como base de uma nova cultura humanística. De início, ele aparece, com seu vigor, quase numa justificativa de seu caráter:

> *Quem não defende a Verdade traída e conspurcada pela mentira não é digno dela. E quem não é digno da Verdade, entrega-se à mentira.* (IX)

O Espiritismo não estaria aí para ser amado, mas vivido, o que significa antes de mais nada, ser defendido, porque a vida que se ganha se defende. O mesmo instinto que leva o Ser a proteger-se do perigo, deve levá-lo a lutar contra as ameaças de destruição da fonte cristalina de sua água. A Pureza Doutrinária é o nome que se convencionou dar a esta luta insana, que alguns, junto a Herculano, resolveram enfrentar, na certeza de que estavam não só defendendo a fonte da vida, mas a própria vida daqueles que, como ele, se decidiram pelo Espiritismo. Os deterministas acreditam que a Verdade não precisa de defensores, pois ela se basta a si mesma. Herculano viu nisso uma falácia, entendendo que enquanto a Verdade não triunfa por si mesma, o caminho vai ficando cheio do sangue daqueles que foram vitimados pela mentira.

Mas a mentira não é só aquela que brota dos corações maus; é também originária dos incautos, dos vaidosos e de todos os que, sem as condições ideais para compreender a Verdade, tratam de oferecê-la segundo suas cargas culturais e seus interesses momentâneos. No campo do movimento espírita, onde Herculano resolveu levantar sua tenda, os interesses não costumam ser diferentes do restante da sociedade, apesar da força intrínseca de uma doutrina inigualável, ética e moralmente. Herculano compreendia estar lidando com pessoas interessadas, de alguma forma, na difusão dessa doutrina, mas não admitia vê-los confundindo os princípios espíritas e interpretando-os de acordo com velhos e ultrapassados conceitos. Mais grave a situação ficava quando essas interpretações equivocadas eram assumidas de público, porque, aí, deixavam o terreno da intimidade para comprometer um grande número de criaturas, as quais Herculano entendia que as lideranças espíritas tinham maior responsabilidade. Por isso, dizia:

> *O espírita que quiser dar um pio nas polêmicas atuais, deve primeiro mergulhar no estudo da Doutrina em profundidade, mesmo que disponha dos mais importantes títulos universitários ou esteja colocado nas mais altas posições sociais.* [II]

Era um recado com destino certo, dado por quem se sentia com a necessária competência para falar. Justo e bom, Herculano sempre emitia sinais de justiça e bondade, mas a claridade chegava a alguns um tanto enevoada, de modo que, nem sempre sua voz era ouvida com o respectivo silêncio respeitoso. Neste momento, a virilidade do professor, que não existia por ser ele homem, mas por ser Espírito a caminho dos planos superiores da vida, era confundida com agressão pessoal e considerada resultado de uma pretensão descabida. Nada, porém, tirava o professor de sua serena audácia.

> *O reconhecimento científico da realidade dos fenômenos mediúnicos afetou beneficamente o Espiritismo, mas trouxe-lhe também algumas desvantagens. Muitos espíritas se deslumbraram com o fato e julgaram-se capazes, embora sem o necessário preparo, de criticar e reformar Kardec, o vencedor, como se fosse um derrotado.* [VII]

É certo que a realidade de hoje, no tocante ao tema, não é diferente da época de Herculano, que desencarnou em 1979. Mas o professor não deixava passar em branco as oportunidades de tocar nos pontos importantes da realidade em que estava inserido. Retocar e até reformar Kardec foi intenção de homens vaidosos, desde o instante em que a Doutrina soltou seus primeiros vagidos. O Codificador sentiu alguns fortes golpes, desferidos por aqueles homens, mas não se abalou. Herculano assumiu, pessoalmente, a árdua tarefa de lutar contra eles, especialmente quando os golpes pudessem produzir muitos estragos entre aqueles que, como sempre acontece, dependem dos intérpretes para escolher seu caminho.

> *Desde Kardec a teoria dos fluidos tem provocado divergências entre os cientistas e os espíritos. Chegou-se a criar uma prevenção contra a palavra fluido e alguns espíritas ligados a atividades científicas consideraram a teoria espírita a respeito, propondo modificações na terminologia doutrinária.* [VII]

Esta é uma questão ainda presente nos dias de hoje. Alguns espíritas, que se declaram cientistas, expressam de público complicadas teorias, fugindo da terminologia espírita como se ela fosse motivo de vergonha perante a comunidade acadêmica. Herculano combateu essa postura por entender que a Doutrina possui sua terminologia própria e porque, também, as revelações doutrinárias devem ser entendidas no contexto social em que foram feitas, além de exigirem, para sua perfeita compreensão, um discernimento claro daquele que consegue ir ao âmago dos fatos.

O fato de combater a mentira não produziu em Herculano o amargor presente em muitos críticos. Absolutamente! Herculano se servia dos pensamentos dos estudiosos quando mereciam crédito, mas os combatia quando era preciso defender a Verdade. Muitos filósofos estão presentes em sua obra, embasando seu pensamento, o que não impedia ao professor de condená-los ali onde claudicavam. Eis o exemplo de Sartre, que se dizia muito velho e doente...

> *Simone arranjou-lhe uma jovem enfermeira e esta se engraçou com o doente e o doente com ela. Isso provava que a velhice não estava tão próxima assim, restavam forças ao filósofo para conquistas amorosas. Mulher decidida e prática, apesar de filósofa, Simone mandou a enfermeira embora, espantou a lagosta e tomou conta do companheiro antes que fosse tarde. Sartre continuou a envelhecer, gastou suas últimas energias na sua volumosa obra Crítica da Razão Dialética e acabou perdendo seu único olho, pois ficou picego desde criança e sempre viu o mundo enviesado, com um olho só. A velhice o abateu e ele hoje confessa que não vai bem das pernas, como nunca foi da bola.* [II]

O mesmo procedimento vai aparecer no professor em relação aos espíritas, o que mostra que o sentimento de justiça o dominava e o colocava acima das contingências. O que de fato importa é o conteúdo do pensamento, mas o homem comum mistura o pensamento com aquele que o emitiu, como quem confunde o remédio com o doente, e coloca tudo na vala comum da condenação. Foi, no entanto, a crítica de Herculano que conseguiu deter muitos avanços perigosos e fazer com que alguns, predispostos à humildade verdadeira, refletissem sobre suas ações e reformulassem as disposições de seu íntimo. No que se tornaram reconhecidos divulgadores do pensamento kardequiano. Quando fora preciso apontar o erro de André Dumas, na França, apesar de tê-lo elogiado em outra ocasião, Herculano o fez:

> *André Dumas declarou à sucursal da revista Manchete, em Paris, recentemente, que Kardec escreveu* O Evangelho segundo o Espiritismo *para atender às pessoas que, aceitando a realidade espírita, desejavam encontrar um meio de conciliação da fé tradicional com o Espiritismo. Não foi essa a razão. Kardec considerou o Espiritismo, desde os primeiros resultados das suas pesquisas, como um renascimento do Cristianismo deformado pela dogmática das igrejas.* (II)

Se os títulos acadêmicos não são passaporte para a competência doutrinária, como reconheceu Herculano, o nome do Espírito também nada acrescentava à análise das mensagens mediúnicas que o professor fazia. Quando fora preciso polemizar com André Luiz, ele o fez, apesar de seus estreitos laços com o médium de Uberaba. Todos sabem que poucos contaram com tanto respeito e admiração, por parte de Chico Xavier, o médium de André Luiz, quanto ele, Herculano Pires. Alguns de seus livros foram escritos em parceria com Chico. Pois bem, André Luiz dissera coisas que não podiam ser aceitas passivamente, sem discussão, e lá estava a voz do idealista:

> *André Luiz refere-se aos ovoides, espíritos que perderam o seu corpo espiritual e se veem fechados em*

si mesmos, envoltos numa espécie de membrana. Isso lembra a teoria de Sartre sobre o em-si, forma anterior do ser espiritual, que a rompe ao se projetar na existência por necessidade de comunicação. A ação vampiresca desses ovoides é aceita por muitos espíritas amantes de novidades. Mas essa novidade não tem condições científicas nem respaldo metodológico para ser integrada na Doutrina. Não passa de uma informação isolada de um espírito. Nenhuma pesquisa séria, por pesquisadores competentes, provou a realidade dessa teoria. Não basta o conceito do médium para validá-la. As exigências doutrinárias são muito mais rigorosas no tocante à aceitação de novidades. (...) André Luiz manifesta-se como um neófito empolgado pela doutrina, empregando às vezes termos que destoam da terminologia doutrinária e conceitos que nem sempre se ajustam aos princípios espíritas. A ampla liberdade que o Espiritismo faculta aos adeptos tem os seus limites rigorosamente fixados na metodologia kardeciana. [XI]

Com isto, ele apenas demonstrava como os ensinamentos de Kardec podiam e deviam ser usados. Apesar de haver, ainda hoje, uma grande quantidade de espíritas que julgam a pessoa e o trabalho de Chico Xavier, bem como de outros médiuns, intocáveis e indiscutíveis, Herculano cumpria o dever de informar a Verdade, e o fazia com apoio no mestre. Kardec foi sempre muito severo ao alertar para a necessidade de análise das mensagens mediúnicas, independentemente, dizia ele, de quem as assina. Aquilo, portanto, que parece heresia em Herculano, mais não é que uma postura correta e elogiável.

A facilidade com que a maioria das pessoas aceita livros de evidente mistificação, como os Evangelhos de Roustaing, as obras de Ramatis, e tantas outras, eivadas de contradições e de passagens ridículas,

> *destinadas especialmente a ridicularizar a doutrina, provém dos milênios de sujeição das massas à mistificação clerical.* [IX]

A grande polêmica, que envolveu a tradução feita por Paulo Alves Godoy de *O Evangelho segundo o Espiritismo*, encontrou no professor uma disposição incomum de lutar contra aquilo que chamou de obra de mistificação. Foi esta, talvez, a mais dura refrega a que se lançou, a qual pode ser resumida nestas suas palavras:

> *É ingênuo ou pretensioso, louco ou megalômano todo aquele que se atreve a tocar na obra de Kardec com a intenção estúpida de adaptá-la aos tempos atuais, para os quais ela foi especialmente elaborada.* [X]

Ao mesmo tempo em que apresenta o seu parecer, Herculano mostra o caminho das pedras, isto é, orienta sobre os rumos que devem ser tomados por aqueles que desejam, sem vaidade, oferecer contribuições para a melhoria da Doutrina.

> *Qualquer obra que pretenda superar Kardec ou subestimar a Doutrina Espírita precisa ser submetida à prova do toque. E essa prova só pode ser feita de duas maneiras: de um lado, conferindo-se a pretensa superação com a obra de Kardec para verificar-se qual das duas está mais coerente e apresenta maior coesão, maior unidade e firmeza nos seus princípios, de outro lado, conferindo-se, como recomenda o próprio Kardec, os princípios da pretensa superação com as exigências do pensamento atual em todos os campos de nossa atividade mental.* [XIV]

Com isso, não só ficava patente a sua compreensão sobre o fator evolutivo do Espiritismo, como também a seriedade com que a empreitada deveria ser realizada. A pretexto de ser a Doutrina progressista, querem alguns enxertar nela conhecimentos que não têm suficiente respaldo científico nem contam com a sanção universal. Alguns são mais pretensiosos ainda e desejam ver incorporados no Espiritismo conhecimentos de doutrinas antigas, os mesmos que o Espiritismo reformou ou superou.

> *O bom-senso, como ensinou Kardec, é o fio de prumo que nos garante a construção de um Conhecimento mais amplo e mais rico, mas ao mesmo tempo mais preciso.* [(XIV)]

Afinal, foi o bom-senso um dos mais relevantes fatores que distinguiram Kardec dos seus contemporâneos e permitiram-lhe realizar uma obra que, mais de cento e cinquenta anos depois, não foi contraditada seriamente. Nele reside a grande teia que liga todos os princípios e todas as informações contidas no Espiritismo e é por causa do bom-senso de suas propostas que a Doutrina conseguiu e conseguirá atravessar os séculos incólume às guerras ideológicas que ao seu redor se dão e fazem esboroar tantos e tantos conhecimentos mal alicerçados.

> *O Espiritismo evolui como tudo evolui no Universo. Mas a obra de superação de Kardec pertence às gerações do amanhã, pois a geração atual não revelou ainda condições sequer para compreender Kardec. A superação de Kardec não será mais do que o prosseguimento do seu trabalho, o desdobramento de sua obra...* [(XIV)]

A obra do Cristo não foi superada, mas esclarecida e, portanto, reforçada. O Espiritismo segue a mesma trilha, uma vez que não contém conhecimentos que devam ser substituídos, mas aprimorados, desenvolvidos, complementados, enfim, ampliados. Seria esta uma manifestação fanática? Evidentemente que não! Não se trata, diria o professor, de defender o indefensável, mas de considerar a realidade dos fatos e verificar sua força. O fanatismo não se casa com uma doutrina que é baseada no bom-senso, na lógica.

> *Quem se atreve a afirmar, por exemplo, que o roustanguismo é simples questão de opinião e por isso não deve ser discutido, ou que este ou aquele pretenso cientista tem o direito de formular novas teorias, dá uma prova espontânea de sua ignorância do problema espírita em sua inelutável posição epistemológica.* (XIV)

Tudo isto, dito assim de maneira clara, resultou na formação de uma categoria de espíritas conscientes e desejosos de realmente lutar para que a Doutrina prossiga, na sua tarefa de dar a conhecer a realidade do mundo, para facilitar o homem e sua inserção nele e a consequente realização de seu objetivo maior: a evolução, através das experiências na Terra. Para cumprir esse ideal, Herculano afirmou:

> *Temos de ferir susceptibilidades, magoar o amor-próprio de amigos e companheiros, levantar no próprio meio espírita inimigos gratuitos, provocar revides apaixonados. Mas, de duas uma: ficamos com a verdade ou ficamos com o erro, defendemos a doutrina ou nos acomodamos na falsa tolerância, clamando por uma paz de pantanal que nada mais é do que covardia e traição à verdade.* (XIV)

A vida poderia ter encaminhado Herculano para o precipício do pessimismo, mas não o fez; antes, ele a encaminhou com otimismo e certeza de um futuro com esplendor. Não se imagine, jamais, um combatente do porte de Herculano Pires submetido a doses de pessimismo, mesmo que pequenas. Se a Guevara coube afirmar que era preciso lutar "mas sin perder la ternura", a Herculano, que não se incorporou a nenhum grupo mandado às guerras fratricidas, a ternura se misturava ao profundo senso do bem e do justo.

> *Ninguém se engane, porém, diante do tumulto do mundo. Não caminhamos para a confusão, para a anarquia, para a baderna, mas para um mundo melhor. Os que lutam pelo bem e pela ordem, pela preservação dos grandes princípios morais que dignificam a vida humana, pela cultura e a beleza, pela bondade e a fraternidade acabarão vencendo.* (XV)

FIM

Herculano Pires

A Pedra e o Joio, 1ª edição, Edições Cairbar, SP. (XIV)
Agonia das Religiões, 1ª edição, Editora Paideia, SP. (XX)
Argila, 1ª edição, Editora LAKE, SP. (XII)
Arigó, Vida, Martírio e Mediunidade, 1ª edição, Editora Edicel, SP. (XXI)
Astronautas do Além, 1ª edição, Editora G. (XXIII)
Barrabás (o enjeitado), Editora Clube do Livro, SP. (V)
Chico Xavier Pede Licença, 1ª edição G. (XXII)
Ciência Espírita, 4ª edição, USE, SP. (X)
Diálogo dos Vivos, 1ª edição, Editora G. (XXV)
Educação Para Morte, 1ª edição, Editora C. Fraterno, S.B. do Campo, SP (XXVII)
Madalena, 1ª edição, Editora Edicel, SP. (XVIII)
Mediunidade, 1ª edição, Ed Edicel, SP. (VII)
Na Era do Espírito, 1ª edição, Editora G. (XXIV)
Na Hora do Testemunho, 1ª edição, Editora Paideia, SP. (XXVI)
O Centro Espírita, 1ª edição, Paideia. (IX)
O Espírito e o Tempo, Editora Pensamento, SP. (VIII)
O Homem Novo, 1ª edição, Editora Correio Fraterno, S.B. do Campo, SP (XIII)
O Infinito e o Finito, 1ª edição, Editora Correio Fraterno, S.B. do Campo, SP. (XV)
O Mistério do Bem e do Mal, 1ª edição, Ed. C. Fraterno, S.B. do Campo, SP (XVII)
O Mistério do Ser Ante a Dor e a Morte, 1ª edição, Ed. Paideia, SP. (II)
O Ser e a Serenidade, 1ª edição, Editora Edicel, SP. (XIX)
O Verbo e a Carne, 1ª edição, Edições Cairbar, SP. (IV)
Parapsicologia Hoje e Amanhã, 4ª edição, Edicel, SP (I)
Pedagogia Espírita, 1ª edição, Ed. Herculano Pires, SP. (III)

Pesquisa sobre o Amor, 1ª edição, Editora LICESPE. (XXVIII)
Um Deus Vigia o Planalto, 1ª edição, Ed. Livraria Francisco Alves, SP. (VI)
Vampirismo, 1ª edição, Ed. Paideia, SP. (XI)
Visão Espírita da Bíblia, 1ª edição, Editora C. Fraterno, S.B. do Campo, SP (XVI)

Outras

Antologia do Mais Além, Jorge Rizzini, 1ª edição, Editora Paulo de Tarso. (XXXII)
Castro Alves Fala à Terra, Chico Xavier, Waldo Vieira e Jorge Rizzini, 2ª ed., Ed Instituto Maria, J. de Fora, MG. (XXXIII)
Herculano Pires, o Homem no Mundo, Heloisa Pires, 1ª edição, Editora FEESP, SP. (XXXV)
História do Espiritismo, Arthur Conan Doyle, 1ª ed., Editora Pensamento. (XXXI)
J. Herculano Pires, Filósofo e Poeta, Humberto Mariotti e Clóvis Ramos, 1ª ed., Editora Correio Fraterno, S.B. do Campo, SP. (XXXVI)
O Livro dos Espíritos, Allan Kardec, Edição Especial da Editora LAKE, SP. (XXXVII)
Sexo e Verdade, Castro Alves, Guerra Junqueiro, Casimiro de Abreu e Jorge Rizzini, 1ª edição, Editora Correio Fraterno, S.B. do Campo, SP. (XXXIV)
Vida e Obra de Allan Kardec, André Moreil, 1ª edição, Editora Edicel, SP. (XXX)
Vida e Obra de Léon Denis, Gaston Luce, 1ª edição, Edicel, SP. (XXIX)

Índice Remissivo

CONHEÇA DO MESMO AUTOR:

365 momentos espirituais com Herculano Pires

Wilson Garcia

14x21 cm • 144 pp.

365 momentos espirituais com J. Herculano Pires é uma agenda para todos os dias do ano. Em cada um desses dias você pode desfrutar de uma pérola literária e espiritual de um dos maiores pensadores espíritas brasileiros.

1914-2014 – Centenário de nascimento de J. Herculano Pires.

Vidas – memórias e amizades

16x23 cm • 200 pp.

Este é um livro que fala de vidas e dos conflitos que permeiam as relações humanas e a intimidade dos seres. Wilson Garcia recorda fatos e amizades. Visita o passado, relembrando as personalidades de Aluysio Palhares, Antonio Lucena, Ary Lex, Carlos Jordão da Silva, Deolindo Amorim, Eduardo Carvalho Monteiro, Hamilton Saraiva, Hélio Rossi, Jorge Rizzini, Paulo Alves Godoy e Valentim Lorenzetti.

Mensagens de saúde espiritual

10x14 cm • 124 pp.

"A leitura (e releitura) deste livro de bolso muito me ajudou na sustentação do nível vibratório elevado. Abençoadas mensagens! Toda pessoa, sã ou enferma, do corpo ou da alma, devia ter esse livreto luminoso à cabeceira e ler uma mensagem por noite"

Jorge Rizzini

CONHEÇA TAMBÉM

Oito semanas para mudar sua vida

Elaine Aldrovandi

14x21 cm • 168 pp.

Elaine Aldrovandi elaborou esse livro para nos auxiliar nessa busca incessante de progresso espiritual. Através de uma proposta de renovação de atitudes ela nos incentiva e nos apresenta um roteiro de oito semanas para, como num desafio, nos impulsionar a atingir a meta de reformularmos nosso comportamento.

Razões para uma vida melhor

Ricardo Orestes Forni

14x21 cm • 184 pp.

Com fatos e histórias na maioria das vezes tiradas da vida real, Ricardo Orestes Forni nos ensina a substituir a tendência de *viver bem* pela opção mais acertada de *bem viver*. Os personagens que sobreviveram a grandes tragédias exemplificam a todos nós atitudes corajosas e nos dão provas de grande superação.

Minha escolha é viver

Fátima Moura

14x21 cm • 192 pp.

Fátima Moura junta-se aos jovens nesse seu romance, *Minha escolha é viver*, com o intuito de abrir-lhes os olhos e mostrar que, mais importante que pertencer a grupos, é manter a dignidade e os valores morais recebidos na infância.

O uso de droga não é opção, é destruição. E essa escolha pode ser fatal.

CONHEÇA TAMBÉM

Da moral social às leis morais
José Lázaro Boberg
16x22,5 cm • 256 pp.

Obra perfeitamente sintonizada com as tendências éticas e sociais defendidas pela 3ª parte de *O Livro dos Espíritos*. O autor trabalhou, com competência e profundidade, cada uma das dez leis morais propostas por Kardec aos espíritos para servir de guia ao homem que deseje se aproximar da perfeição.

A morte sem mistérios
Donizete Pinheiro
14x21 cm • 160 pp.

Donizete Pinheiro aprofunda o tema para instruir ou confortar aqueles que estejam sofrendo por causa da morte ao mesmo tempo em que nos oferece um alento, pois a cada instante vem confirmar e consolidar em nosso íntimo a certeza da sobrevivência do ser imortal que somos.

Vidas que recomeçam
Ana Maria Almeida | Josafat (espírito)
14x21 cm • 200 pp.

As vidas que recomeçam do título desta obra pertencem a Rodolfo e Clara, em duas histórias diferentes e emocionantes que nos fazem refletir sobre a lei da reencarnação e principalmente sobre a lei de ação e reação, que nos traz sempre de volta as consequências de cada ato realizado.

CONHEÇA TAMBÉM

André Luiz e suas revelações

Luiz Gonzaga Pinheiro

Estudo • 14x21 cm • 184 pp.

Ao longo da série *A vida no mundo espiritual* a alma humana é profundamente dissecada. Como cada livro trata de um tema individual, Luiz Gonzaga Pinheiro escolheu 20, desdobrando-os e aprofundando-os para que cheguem ao entendimento do leitor sem muito tempo para pesquisa ou sem afinidade com a ciência.

Doutrinação para iniciantes

Luiz Gonzaga Pinheiro

Doutrinário • 14x21 cm • 256 pp.

Criada e desenvolvida por Allan Kardec, a doutrinação espírita é usada para conduzir à luz os espíritos desencarnados. Antes muito voltada aos espíritos obsessores, hoje a doutrinação se destina a todos os espíritos. Neste livro, Luiz Gonzaga Pinheiro retoma o assunto que, em suas palavras, é "uma das mais belas tarefas da casa espírita", mas também "uma das mais difíceis de executar".

Suicídio – a falência da razão

Luiz Gonzaga Pinheiro

Estudo • 14x21 cm • 216 pp.

Por qual razão alguém se acha com o direito de agredir a vida? Todo aquele que atenta contra a vida comete um crime brutal contra as leis de amor instituídas por Deus. Nesta obra, Luiz Gonzaga Pinheiro analisa o suicídio sob diversos aspectos, sempre tentando desconstruir a ideia da sua prática, enfatizando o erro fatal que é a sua realização.

CONHEÇA TAMBÉM

Peça e receba – o Universo conspira a seu favor

José Lázaro Boberg

Estudo • 16x22,5 cm • 248 pp.

José Lázaro Boberg reflete sobre a força do pensamento, com base nos estudos desenvolvidos pelos físicos quânticos, que trouxeram um volume extraordinário de ensinamentos a respeito da capacidade que cada ser tem de construir sua própria vida, amparando-se nas Leis do Universo.

Getúlio Vargas em dois mundos

Wanda A. Canutti • Eça de Queirós (espírito)

Romance mediúnico • 16x22,5 cm • 344 pp.

Getúlio Vargas realmente suicidou-se? Como foi sua recepção no mundo espiritual? Qual o conteúdo da nova carta à nação, escrita após sua desencarnação? Saiba as respostas para estas e outras perguntas, agora em uma nova edição, com nova capa, novo formato e novo projeto gráfico.

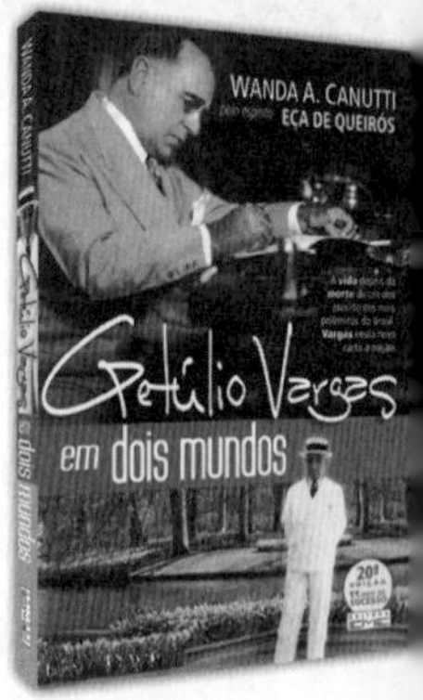

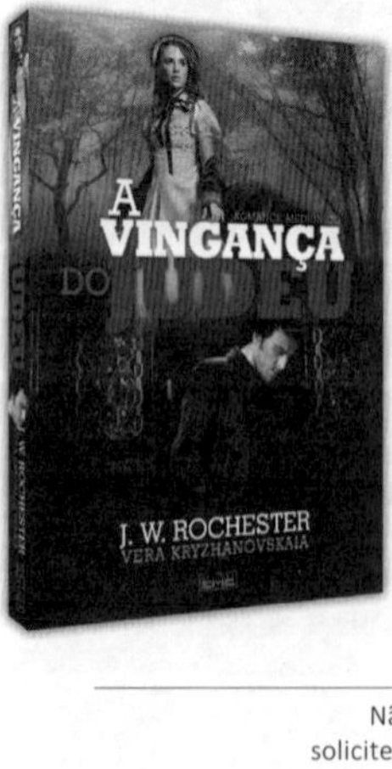

A vingança do judeu

Vera Kryzhanovskaia • J. W. Rochester (espírito)

Romance mediúnico • 16x22,5 cm • 424 pp.

O clássico romance de Rochester agora pela EME, com nova tradução, retrata em cativante história de amor e ódio, os terríveis fatos causados pelos preconceitos de raça, classe social e fortuna e mostra ao leitor a influência benéfica exercida pelo espiritismo sobre a sociedade.